Michael P. DeJonge

·

Bonhoeffer
on Resistance

The Word against the Wheel

Oxford University Press

Oxford, UK

2018

Майкл Дейонг

·

Теология сопротивления Дитриха Бонхёффера

Божественное Слово против колеса власти

Academic Studies Press

Библироссика

Бостон / Санкт-Петербург

2025

УДК 94(430)+274.5
ББК 63.3(4)6+86.376
Д27

Перевод с английского Альберта Саркисьянца

Серийное оформление и оформление обложки Ивана Граве

Дейонг, Майкл.

Д27   Теология сопротивления Дитриха Бонхёффера. Божественное Слово против колеса власти / Майкл Дейонг ; [пер. с англ. Альберта Саркисьянца]. — СПб.: Academic Studies Press / Библиороссика, 2025. — 216 с. — (Серия «Современное религиоведение» = «Contemporary Religious and Theological Studies»).

ISBN 979-8-887199-38-2 (Academic Studies Press)
ISBN 978-5-907918-26-9 (Библиороссика)

Дитрих Бонхёффер (1906–1945) — немецкий лютеранский пастор, теолог, а также участник движения Сопротивления нацизму. Он много размышлял и писал о политической жизни, однако делал это не как теоретик или активист, а как христианский богослов. Его идеи о политическом сопротивлении можно понять лишь в контексте его теологии, поскольку большинство его высказываний на эту тему было связано с его церковной деятельностью. В книге подробно изложены его взгляды на политическое сопротивление, в том числе на насильственные формы.

Майкл Дейонг показывает, как Бонхёффер смотрел на мир через призму христианства: сотворение мира Богом, его грехопадение и искупление через спасительную жертву Христа. Он также рассматривает ключевые лютеранские идеи, которые формировали взгляды Бонхёффера на политику. Затем автор переходит к анализу политических взглядов немецкого теолога, его пониманию роли церкви и государства, а также его теории и практики сопротивления.

УДК 94(430)+274.5
ББК 63.3(4)6+86.376

ISBN 979-8-887199-38-2
ISBN 978-5-907918-26-9

*Клиффорду Грину и Деллу де Шанту —
наставникам, коллегам, друзьям*

Благодарности

Бо́льшую часть этой книги я написал во время саббатикала, который был мне предоставлен Университетом Южной Флориды и который я провел в качестве приглашенного профессора теологии и этики кафедры Дитриха Бонхёффера в Нью-Йоркской объединенной теологической семинарии. Я благодарю Университет Южной Флориды за предоставленный отпуск, Нью-Йоркскую объединенную теологическую семинарию за приглашение, и особенно благодарю студентов семинарии за возможность апробировать часть материала этой книги. Я благодарю Джини Лежандр, которая помогла мне с рукописью. И благодарю Ноэль Монеа, которая помогла мне со всем остальным.

Введение

«Моменты Бонхёффера», правые и левые

Сопротивление, оказанное Дитрихом Бонхёффером нацизму, стало источником вдохновения для движений сопротивления по всему миру. В своей родной Германии он значительно повлиял на движения, боровшиеся за падение Берлинской стены [Huber 2013]. К тому времени он уже имел устойчивое влияние в Латинской Америке: его идеи заимствовала теология освобождения, используя их для критики репрессивных экономических и политических систем [Santa Ana 1976]. К нему также обращались теологи Южной Африки в ходе борьбы с режимом апартеида [de Gruchy 1984]. Его влияние достигло и Японии, где его идеи использовались в борьбе с фашистскими тенденциями японской монархии [Yamasaki 2013]. Устоявшаяся традиция обращения к теологии сопротивления Бонхёффера недавно получила особенно яркое выражение и в Соединенных Штатах Америки.

Двадцать шестого июня 2015 года Верховный суд вынес решение по так называемому делу «Обергефелл против Ходжеса» (576 U.S.), признав за однополыми парами право на вступление в брак. За несколько месяцев до этого знаменательного решения консервативные христиане почувствовали, что обстоятельства складываются не в их пользу. Рик Скарборо, политический активист и бывший священник церкви Южных баптистов, заявил, что решение о легализации однополых браков приведет к «моменту Бонхёффера»[1] [Johnson 2015]. Эта фраза разошлась по интернету и была подхвачена Ронни Флойдом, президентом

---

[1] Отсылка к понятию Джона Покока «момент Макиавелли». — *Примеч. пер.*

Южной баптистской конвенции, который за несколько недель до ожидаемого решения суда заявил, что результат, которого они опасаются, будет означать наступление «момента Бонхёффера для каждого пастора в Соединенных Штатах» [Woods 2015].

Эти и им подобные декларации не всегда проясняют, какие именно действия необходимо предпринять в «момент Бонхёффера». В имевшей огромный успех биографии Бонхёффера, написанной Эриком Метаксасом [Метаксас 2012], Бонхёффер был переоткрыт для американских евангеликов: в ней рассказывается история его мученичества, принятого за участие в заговоре с целью убийства Адольфа Гитлера и свержения режима Третьего рейха. Вероятно, отсюда можно заключить, что «момент Бонхёффера» взывает к насильственному сопротивлению. Готовность связать имя Бонхёффера с насильственным сопротивлением была также продемонстрирована в интервью на Fox News в конце 2016 года. Бизнесмен Мэтью Блэнчфилд попал в заголовки, когда предложил сторонникам избранного тогда президента Дональда Трампа вести свой бизнес где-нибудь в другом месте. Когда Блэнчфилд, объясняя свою позицию в прямом эфире, сослался на фашистские поползновения Трампа, интервьюер, Такер Карлсон, поинтересовался: «Если вы считаете, что Трамп — это фашистский диктатор, тогда вам надо организовать настоящее сопротивление. Вы стали бы Дитрихом Бонхёффером. Вот тогда вы боролись бы с ним по-настоящему... Почему бы вам не взять в руки оружие?» [Carlson 2016]. Из этого диалога создается впечатление, что следовать примеру Бонхёффера — значит оказывать насильственное сопротивление.

В последнее время к Бонхёфферу обращаются далеко не только «правые». После избрания Трампа 8 ноября 2016 года профессор религиоведения из Родес-колледжа Стивен Р. Хейнс в интернет-издании *Huffington Post* поделился с шокированными либералами и «умеренными» своими соображениями, которые он почерпнул из жизни и высказываний Бонхёффера. В тексте под названием «Наступил ли наконец момент Бонхёффера?» Хейнс сперва предупреждает, что Трампа не следует приравнивать к Гитлеру. Далее он выдвигает предположение, что нам тем не менее есть чему поучиться у Бонхёффера. Бонхёффер, бывший свидетелем того, как Гитлер вскружил головы многим христианам, учит нас «не удивляться тому энтузиазму, с которым некоторые христиане приветствовали "революцию" Трампа». А также он учит нас, сказал Хейнс, «что самодовольство может стать "расовой привилегией"» [Haynes 2016]. Христиане, принадлежащие к современным американским «левым» и «центристам», а ра́вно и к «правым», обращаются к Бонхёфферу перед лицом социальных и политических изменений, вызывающих у них сильную тревогу.

И в самом деле, создается впечатление, что в начале президентства Трампа ссылки на Бонхёффера стали повсеместны. Один из протестных плакатов на женском марше, состоявшемся в день инаугурации Трампа, гласил: «Мы должны не только перевязывать раны тех, кто попал под колеса несправедливости, но и сами вставлять палки в эти колеса» (рис. 0.1.). Эти слова взяты из статьи Бонхёффера 1933 года «Церковь перед еврейским вопросом», в которой он публично выступил против нацистского режима [Бонхёффер 2024в: 139][2]. Через несколько недель после появления этой женщины с плакатом та же цитата появилась в колонке *New York Times*, написанной Дэвидом Бруксом. Брукс задается вопросом, как следует понимать угрозу, исходящую от президентства Трампа, и как ей следует сопротивляться. Первый предложенный Бруксом ответ, который затем будет отброшен ради другого, состоит в том, что Трамп — это угроза авторитаризма. Если угроза в этом, продолжает Брукс, «то моделью нашего сопротивления должен быть Дитрих Бонхёффер… Перед лицом фашизма, пишет он, недостаточно "только перевязывать раны тех, кто попал под колеса государственной машины, [нужно] и самим вставлять палки в эти колеса"» [Brooks 2017].

Но что конкретно здесь имеется в виду? На какие действия намекают плакат и авторская колонка, цитируя фразу о палках в колесах? Брукс предлагает следующую интерпретацию:

---

[2] Работы Бонхёффера, которые не издавались на русском, цитируются, как в оригинале, по английскому 17-томному собранию сочинений, "Dietrich Bonhoeffer Works" (принятое сокращение — DBWE), выпущенному издательством Fortress Press. Первая цифра — том собрания сочинений, вторая — страница. Русские переводы цитируются по стандартной системе. — *Примеч. пер.*

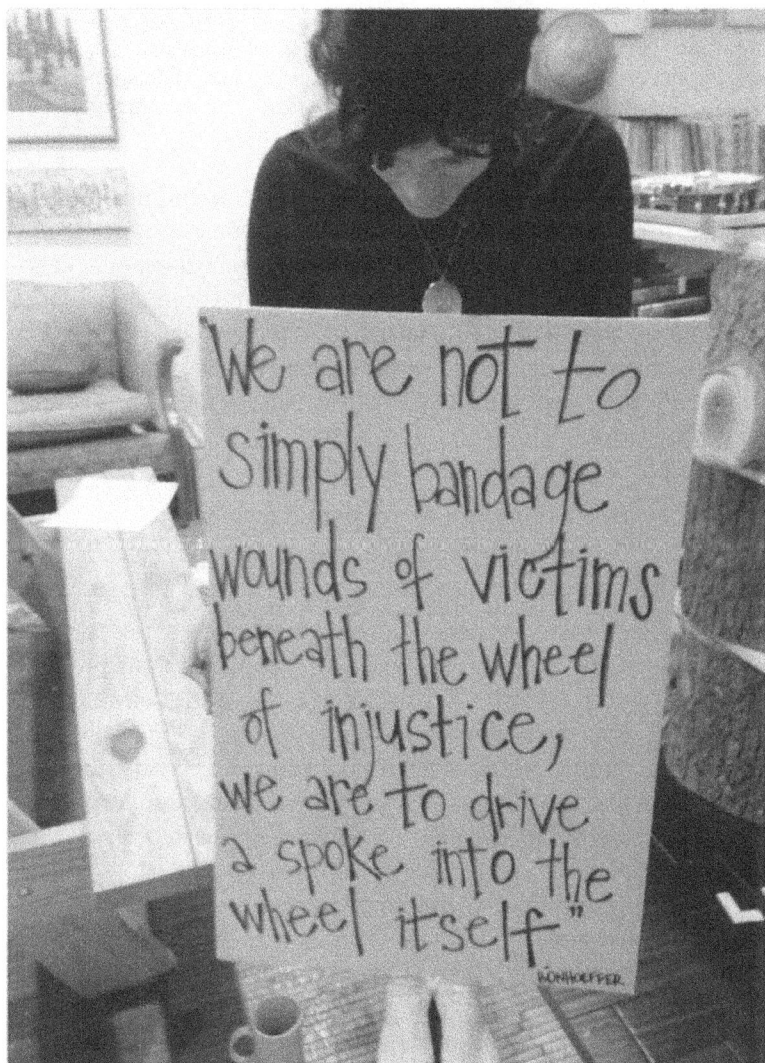

Рис. 0.1. Плакат, который был принесен на инаугурацию Трампа
@ Katie Harris

Если мы находимся в моменте Бонхёффера, следует совершать агрессивные ненасильственные действия: выходить на улицы, перекрывать дорожное движение, срывать заседания городских советов, произносить пламенные речи, направленные на мобилизацию массовой оппозиции.

Я не знаю, как именно понимала эту фразу женщина, нарисовавшая тот плакат, но коль скоро она участвовала в ненасильственном марше, перекрывшем дорожное движение, она, вероятно, понимала ее так же, как и Брукс. В противоположность Такеру Карлсону, который связывал имя Бонхёффера именно с насильственным сопротивлением, здесь оно связывается с блокировкой машинерии власти посредством ненасильственного сопротивления.

Что на самом деле говорил Бонхёффер о политическом сопротивлении?

Что нам делать с этим шквалом ссылок на Бонхёффера? С одной стороны, частота и легкость, с которыми упоминается его имя, наводят на мысль, что история его политического сопротивления Третьему рейху продолжает будоражить воображение людей разных политических взглядов. К его имени и истории обращаются перед лицом социальных и политических изменений, вызывающих сильную тревогу. Самые разные люди демонстрируют знакомство с его биографией, а некоторые — даже знание этой ключевой фразы из соответствующего текста.

С другой стороны, из этих воззваний к Бонхёфферу трудно составить хоть сколько-нибудь ясное представление о наследии его политического сопротивления. Конечно, Бонхёффер участвовал в заговоре с целью свержения режима Третьего рейха и убийства Гитлера. Но связывать его наследие исключительно с этим заговором — значит крайне принижать его роль. Если Бонхёфферу и есть чему нас научить, то явно не тому, что при первых туманных признаках тирании нам следует начинать вооруженное сопротивление. Его участие в заговоре, который должен был увенчаться насилием, стало лишь последним этапом длительного процесса сопротивления, конечной остановкой на долгом и продуманном сопротивленческом пути. И если верно, что Бонхёффер писал о необходимости «вставлять палки в колеса» (в другом переводе этой трудной немецкой фразы — «перехватить это колесо»[3]), причем писал он об этом в контексте сопротивления нацистскому государству, то речь здесь явно не шла о ненасильственных актах гражданского неповиновения. На самом деле он призывал к чему-то совсем другому, а именно к официальной декларации[4] от лица Международной экуменической церкви.

Хотя мы и ощущаем все более настойчивую потребность сделать Бонхёффера участником наших культурных и политических

---

[3] В немецком оригинале — „dem Rad selbst in die Speichen zu fallen". Буквально это переводится как «броситься в спицы самого колеса» ("to fall within the spokes of the wheel"). Однако на английский эту фразу перевели как «вставить палку/спицу в само колесо» ("to jam a spoke in the wheel itself") и «перехватить это колесо» ("to seize the wheel itself"). В этой книге я следую второму варианту, принятому в 12-м томе английского собрания сочинений (DBWE 12: 365). Поскольку установить происхождение этой немецкой фразы трудно, консенсуса относительно того, к какому образу она пытается воззвать, не существует. Отсылает ли она к тормозной системе или запряженной лошадью телеге? Призывает ли она к более радикальному действию, например к тому, чтобы отделить повозку от лошади? Или речь идет о самопожертвовании, то есть о том, чтобы самому броситься в колесо? Недавние размышления о переводе этой фразы и версии ее происхождения см. в [Pangritz 2013]. Конечно, разыскания относительно происхождения и перевода этой фразы в определенном объеме полезны, однако лингвистическая рефлексия о словесном образе часто превращается в пустую спекуляцию и, к сожалению, создает впечатление, что предложенный здесь Бонхёффером образ действия сам по себе довольно туманен. Однако Бонхёффер сразу же заявляет, что этот образ действия — это «прямое политическое действие Церкви», которое совершается «евангелическим собором» [Бонхёффер 2024в: 139–140]. Если нам действительно интересно, что вкладывал Бонхёффер в эту фразу, то лучше было бы спросить не о том, к чему отсылает образ „dem Rad selbst in die Speichen zu fallen", а о том, чем для Бонхёффера было прямое политическое действие, решение о котором принимает Экуменический церковный собор. В седьмой главе я отвечаю на этот вопрос, опираясь на концепцию конкретной заповеди Бонхёффера.

[4] На протяжении всей книги мы переводим стоящее в оригинале слово proclamation как «провозвестие» или «возвещение», которые в подавляющем большинстве случаев точно соответствуют оригиналу (напр., возвещение Слова Божьего, возвещение Евангелия, церковное провозвестие и т. д.). Однако у proclamation есть и значение официального документа, декларации, которое не покрывается этими словами. Здесь — именно этот случай. — *Примеч. пер.*

бедствий, между его пониманием политического сопротивления и нашим обнаруживается определенная дистанция. Сталкиваясь, например, с фразой о колесе, которая стала символизировать сопротивление тиранической власти, мы по понятным причинам думаем, что речь идет о сопротивлении, каким мы его себе обычно представляем. Но в процессе мы можем заметить, что наше рефлекторное понимание сопротивления может не совпадать с тем, что вкладывал в него автор этой фразы.

Возможно, в этом нет ничего плохого. Может быть, и хорошо, что Бонхёффер оказывается для нас прежде всего источником вдохновения, что его яркая фраза взывает в памяти смутно припоминаемую историю его сопротивления. В конце концов, когда мы растеряны, небольшая доля исторического вдохновения бывает кстати. Но, быть может, мы смогли бы понять чуть больше, задумайся мы, что в тот самый момент, когда, как нам кажется, мы нашли с Бонхёффером некое общее дело, встав вместе с ним под знамя его фразы, мы тут же расходимся с ним в разных направлениях: он идет путем экуменического провозвестия, а мы — перекрывать дорожное движение. Вероятно, настало время больше узнать о его политических взглядах, что, в свою очередь, позволит лучше понять наши собственные.

Те, кто знаком с историей Бонхёффера-сопротивленца и озадачен тем, как ее используют в современных баталиях, могут поинтересоваться: что же на самом деле говорил Бонхёффер о политическом сопротивлении? Те, кто захочет ответить на этот вопрос, найдут у Бонхёффера разработанную и сложную концепцию сопротивления. В конце концов, он был не только сопротивленцем, но и «теологом, вставшим на путь сопротивления», обученным размышлять и писать о том, что Библия и традиция христианского богословия говорят нам о политической жизни[5].

Не существует — и это, вероятно, может показаться удивительным — исчерпывающей и при этом доступной книги о сопротивленческой мысли Бонхёффера. Заинтересованный читатель давно мог ознакомиться с его различными биографиями, в каждой из

---

[5] «Теолог, вставший на путь сопротивления» — таков подзаголовок книги Кристиана Тица [Tietz 2013]; английский перевод — [Tietz 2016].

которых сопротивлению отведено особое место. Так, Сабин Дрэмм в книге «Дитрих Бонхёффер и сопротивление» [Dramm 2009] предлагает взглянуть на Бонхёффера в свете более широкой темы сопротивления нацизму. Однако, помимо этих биографических и исторических исследований, не существует подробного и доступного изложения сопротивленческой *мысли* Бонхёффера.

Цель этой книги — описать сопротивленческую мысль Бонхёффера в ее целостности[6]. Она требует от нас поместить эту мысль о насильственном политическом сопротивлении в контекст его размышлений о других видах сопротивления; поместить эти размышления о различных видах политического сопротивления в контекст его размышлений о политической жизни вообще; и поместить его размышления о политической жизни в более широкий контекст его теологии, размышлений о мире в целом и о том, как с этим миром соотносится Бог.

План книги

Бонхёффер много размышлял и писал о политической жизни, однако делал он это не с позиции политического теоретика или политического активиста, а с позиции христианского пастора и теолога. Бо́льшая часть его речей о политическом сопротивлении была речами теолога, причем зачастую выступающего от лица Церкви. По этой причине его мысль о политическом сопро-

---

[6]   В некоторых отношениях термин «сопротивление» довольно проблематичен. Во-первых, ему не хватает концептуального единства, причем это касается и академических дискурсов — политической теории, культурной теории и интеллектуальной истории. Во-вторых, он нечасто встречается в корпусе сочинений Бонхёффера. В-третьих, среди исследователей Бонхёффера нет согласия относительно того, что именно этот термин охватывает. Некоторые предпочитают относить его к заговору с целью свержения режима Третьего рейха, другие же используют его шире [Dramm 2009: 17–19]. Тем не менее этот термин полезен для целей настоящей книги. Я использую его широко, применительно ко всякой реакции на несправедливость со стороны государства. Он довольно точно схватывает как интересы различных движений, претендующих на наследие Бонхёффера, так и различные идеи и действия самого Бонхёффера, которые обыкновенно называют «сопротивлением».

тивлении можно понять лишь в более широком контексте его теологии. Поскольку эта книга посвящена в большей степени политической мысли Бонхёффера, чем его теологии в целом, специфически теологические вопросы будут здесь сведены к минимуму. Но поскольку Бонхёффер мыслил политику как теолог, этот минимум будет довольно значительным.

Если нам необходимо поместить политическую мысль Бонхёффера в контекст его теологии и учесть тот факт, что он говорил от лица Церкви, то будет также полезно указать, от лица какой именно Церкви он говорил и какой именно богословской традиции принадлежал. Обычно он говорил как представитель Протестантской церкви, в которой смешаны лютеранская и реформатская церковные традиции. С точки зрения теологии он причислял себя главным образом к лютеранской традиции. Бонхёффер говорил на языке богословия с лютеранским акцентом, что в значительной степени определило его политическое мышление. Понять его политическую мысль — значит не только понять его богословие; для этой задачи также полезно и иной раз необходимо отдавать себе отчет в том, что его богословие было лютеранским[7].

Знание теологии Бонхёффера и знание о том, что он был именно лютеранским теологом, необходимы для понимания его политического мышления и политического действия, и это подтверждается следующим примером. Главные богословские сочинения Бонхёффера, написанные в 1933 году, опираются на одно ключевое понятие — понятие *status confessionis* (подробнее мы обсудим этот сюжет в восьмой главе). Эту латинскую фразу можно вольно перевести как «состояние/ситуация исповедания» («исповедание» в смысле «исповедания веры», а не «исповеди в грехах»). Эта фраза взята из Формулы согласия, авторитетнейшего документа лютеранской традиции, и ее значение глубоко укоренено в принципах лютеранского богословия. *Status confessionis* — не случайно оброненная Бонхёффером фраза, поскольку именно она определяет логику его сопротивления нацизму на ранних этапах. Бонхёффер полагал, что подъем нацизма затребовал такое «состояние исповедания», и глав-

---

7 Я отталкиваюсь от аргумента о лютеранском характере богословия Бонхёффера, который я доказывал в своей предыдущей книге [DeJonge 2017].

ной формой сопротивления (выраженной в знаменитой фразе о необходимости «перехватить это колесо») для него было именно это особое церковное исповедание. Было бы, следовательно, крайне трудно понять, что он имел в виду, призывая «перехватить это колесо», не понимая смысл понятия *status confessionis*, требующего, в свою очередь, определенного понимания лютеранской традиции, к которой Бонхёффер принадлежал.

Осознавая необходимость определенных познаний в этой традиции, я начинаю первую главу с краткого описания теологической истории, на которой Бонхёффер выстраивает свое понимание политической жизни, а именно истории божественного сотворения мира, грехопадения этого мира и его избавления через Христа. Во второй главе рассматривается специфически лютеранский аспект теологии Бонхёффера, например, доктрина об оправдании и различия между законом и Евангелием, знание о которых необходимо для понимания его политических взглядов.

В третьей главе я перехожу от собственно теологии Бонхёффера к, если угодно, его политическому мышлению, анализируя базовую концептуальную структуру, в большинстве случаев определяющую его политическое мышление, а именно лютеранскую идею о «двух царствах» и «порядках». Двумя главными агентами, или институтами, политической жизни выступают здесь государство и Церковь, и в четвертой главе я покажу, как их понимал Бонхёффер, опираясь на собранный в предшествующих главах материал. В первых четырех главах я проясняю теоретические предпосылки, без которых понять сопротивленческую мысль Бонхёффера будет невозможно.

В оставшихся главах я представлю сопротивленческую мысль и деятельность Бонхёффера, на которые можно взглянуть из двух перекрывающихся перспектив: хронологической и систематической. С точки зрения хронологии деятельность Бонхёффера как активиста сопротивления можно разделить на три этапа, в зависимости от формы, которую его сопротивление принимало в тот или иной период. Первый этап, берущий начало с момента прихода нацистов к власти в конце 1932 — начале 1933 года, характеризуется главным образом сопротивлением через провозвестие

Экуменической церкви (главы 5–9). Второй этап, хотя первые его признаки возникают раньше, окончательно оформляется в 1935 году, когда Бонхёффер возвращается в Германию из Лондона, где служил пастором, чтобы возглавить семинарию. Этот этап характеризуется сопротивлением через страждущее послушание идущей вслед за Христом общины[8] (см. главы 10–11). В центре третьего этапа, который начинается в 1939 году и определяется участием в заговоре, лежит сопротивление через ответственное индивидуальное действие (см. главы 12–14). Каждый новый этап не отменяет, но, скорее, дополняет предыдущий. Так, целью хождения вслед церковной общины на втором этапе было осуществление авторитетного провозвестия и исповедания первого этапа, и Бонхёффер продолжал призывать и к провозвестию, и к хождению вслед даже во время участия в заговоре[9].

Если рассматривать сопротивленческую мысль Бонхёффера как систему, ее можно представить в виде шестеричной топологии, которая разрабатывалась им по мере прохождения этих трех этапов (табл. 0.1). Это позволяет увидеть, что Бонхёффер смог сформулировать многогранный и продуманный ответ на государственную несправедливость, ориентированный на конкретную ситуацию и варьирующийся внутри себя от обыкновенной политической прокламации до насильственного переворота. Но корнем его сопротивленческой мысли была Церковь. Наиболее сильной формой политического сопротивления для него было

---

[8] В оригинале — "discipleship community". "Discipleship" — перевод немецкого „Nachfolge", которое лучше всего переводить на русский как «хождение вслед». Книгу Бонхёффера с таким названием автор будет далее неоднократно цитировать. — *Примеч. пер.*

[9] Эту трехэтапную схему я заимствую у Флориана Шмица [Schmitz 2013; Schmitz forthcoming], который недавно высказывался против распространенной тенденции интерпретировать вслед за Эберхардом Бетге знаменитый фрагмент из статьи «Церковь перед еврейским вопросом» [Бонхёффер 2024в: 139] о трех возможностях церковного действия, как если бы он содержал автобиографическое описание этапов сопротивления Бонхёффера начиная с 1933 года и до момента его смерти. Шмиц указывает на проблемы, возникающие в связи с подобной интерпретацией, и предлагает альтернативное описание сопротивления Бонхёффера, разбивая его на три этапа.

Таблица 0.1. Этапы и типы сопротивления

Первый этап (1932–1935)

    Индивидуальное и гуманитарное сопротивление государственной несправедливости

    Диакониическое церковное служение жертвам государственной несправедливости

    Косвенное политическое слово Церкви в адрес государства

    Прямое политическое слово Церкви против несправедливого государства

Второй этап (1935–1939)

    Сопротивление через хождение вслед

Третий этап (1939–1945)

    Сопротивление посредством ответственного индивидуального действия

вовсе не политическое действие, как мы его себе представляем, будь то в мягкой форме ненасильственного гражданского неповиновения или в радикальной форме насильственного государственного переворота. Самой сильной и значимой формой политического сопротивления для Бонхёффера было Слово Божье, вверенное Церкви. Оно занимало центральное место в сопротивленческой мысли и деятельности Бонхёффера. Защищая другие формы сопротивления или в них участвуя, он ставил их на службу этой высшей форме сопротивления.

В целом я надеюсь, что благодаря этой книге читатели смогут понять, что у Бонхёффера было систематическое, дифференцированное и разработанное ви́дение политической деятельности и сопротивления. Его сопротивленческая мысль носила систематический характер, причем степень ее систематичности зачастую игнорируется. Бонхёффер размышлял над множеством сценариев сопротивления, варьирующихся в зависимости от ситуации, агента сопротивления и средств сопротивления. Систематический характер его сопротивленческой мысли легко упустить из виду, поскольку ее элементы разбросаны по всему корпусу его сочинений, а некоторые он проговаривает лишь мимоходом. Однако их можно собрать воедино, если реконструировать систематическую картину его политического сопротивления.

В каждом из этих моментов (когда сопротивляются, кто сопротивляется и как сопротивляются) систематического подхода Бонхёффера его мышление строго дифференцированно. Когда он говорит, например, об агентах сопротивления, он проводит различие между сопротивлением отдельных людей, сопротивлением гуманитарных организаций и сопротивлением Церкви — причем последнее будет принимать разный вид в зависимости от того, о какой церковной обязанности идет речь: проповеди или диаконическом служении[10]. Внимание к этой дифференциации позволит нам увидеть логическую связность всей сопротивленческой мысли Бонхёффера. Сперва может показаться, что Бонхёффер противоречит себе, когда предлагает различные стратегии сопротивления. Но более пристальный взгляд показывает, что он предлагает две стратегии сопротивления, различающиеся в зависимости от того, например, о каком именно агенте сопротивления в данном случае идет речь.

Утверждение о том, что у Бонхёффера имелась детально продуманная теология политического сопротивления, может показаться неожиданным: иногда нам кажется, будто он высказывал идеи о сопротивлении на ходу, реагируя на хаотичные события, происходящие в нацистской Германии. Но, как показывает эта книга, ключевые политические и теологические понятия, лежащие в основании его сопротивления, уже были во многом сформулированы к 1933 году. Последующие изменения в его сопротивленческой мысли следует рассматривать скорее как расширение этой сложившейся концептуальной рамки в ответ на резко меняющиеся обстоятельства.

---

[10] В оригинале — различие между "church in its preaching office" и "the church in its diaconal office". Плохо переводимое на русский понятие office, происходящее от латинского officium, будет часто встречаться на протяжении всей книги. Мы переводим его как «должность», «обязанность» или «функция». Эти понятия *уже* оригинала и имеют ограниченный контекст применения, поэтому сохранить единый термин для всех случаев не представляется возможным. — *Примеч. пер.*

Глава 1
Богословская история

Творение

Попробуем для начала широкими мазками изобразить богословскую перспективу Бонхёффера — ту историю, если угодно, на которой выстраивается его политическое мышление. История эта состоит из трех действий: в первом Бог творит мир, во втором творение низвергается в грех, в третьем творение получает Божье избавление через Христа. О первых двух действиях наиболее пронзительно Бонхёффер пишет в «Творении и грехопадении», своих комментариях к Книге Бытия.

Исток творения — божественное Слово. «И сказал Бог: да будет свет. И стал свет» (Быт. 1: 3). Это означает, согласно Бонхёфферу, что божественное Слово является первичной основополагающей реальностью. Мир — всё, что мы знаем и имеем в опыте, — имеет свой исток и бытие в божественном Слове. Нет никакой возможности заглянуть за божественное Слово в поисках некоей первопричины и первореальности. Нет смысла спрашивать, что было причиной божественного Слова, поскольку это Слово есть причина всего, все сущее существует благодаря божественному Слову [3: 31]. Как предполагает подзаголовок этой книги, идея божественного Слова имеет для политической мысли Бонхёффера первостепенное значение.

Божественное Слово кардинально отлично от слов человеческих. Мы используем слова, чтобы описывать реальность и в какой-то степени ее формировать, как, например, в случае, когда поручаем кому-то что-то сделать или даем обещание на будущее.

Однако между нашими словами и реальностью все равно есть дистанция. Нашим словам всегда в некотором смысле не удается описать реальность совершенным образом, а наши попытки ее сформировать с помощью слов всегда неудачны. Люди могут проигнорировать наши указания, а свои обещания мы можем нарушить. В отличие от наших слов, Слово Бога находится с реальностью в непосредственном отношении. Бог говорит: «...да будет свет. И стал свет». Как пишет Бонхёффер, божественное «Слово не имеет "следствий"; оно уже есть свое следствие. То, что у нас безнадежно расходится, например повеление и то, что имеет место в действительности, у Бога едино» [Там же: 42]. В отличие от человеческих слов, Слово Бога есть слово творящее, которое сразу и с необходимостью соделывает то, что говорит.

О мире, который Бог Своим Словом привел к бытию, Бог сказал, что он хорош. Мы не должны представлять это так, будто Бог создал мир, а затем, оценив его в соответствии с неким стандартом качества, заключил, что он и в самом деле хорош. Тогда мы бы забыли, что мир делает благим то, что его приводит к бытию Бог. В этом еще не запятнанном творении «бытие» и «благость» — это два имени для одного и того же. Сказать, что Бог Словом наделяет мир бытием — значит то же, что и сказать, что мир хорош, поскольку все, что есть, есть от Бога. Бытие и благость связаны между собой, поскольку имеют общий исток в божественном Слове. Такое толкование позволяет определить, в чем состоит благость творения. «Благость твари... состоит в том, чтобы позволять Творцу как единственному Господу быть благим и получать свою благость лишь от Слова Творца, зная, что только это Слово является благим» [Там же: 59]. Творение и твари «суть» и «суть благие», поскольку указывают на Бога как на причину своего бытия и своей благости. Божественное Слово, согласно Бонхёфферу, есть высший стандарт благого, и это также верно в контексте его политической мысли.

Бог творит человечество как особую часть этого мира. Библия и богословская традиция подчеркивают эту особость человека среди всего творения с помощью словосочетания *imago dei*, «образ Божий». Что означает для человека быть сотворенным по образу Божию? Что именно в людях отражает Бога? Ответ Бонхёффера — свобода. Божественная свобода открывается в моменте творения: если божественное Слово — это причина всего творения, то у самого божественного Слова причины нет. Если божественное Слово не имеет причины, то творящее божественное Слово абсолютно свободно. Как говорит Бонхёффер: «Бог говорит. Это означает, что Бог творит в абсолютной свободе» [Там же: 41]. И, продолжает он, «человечество в своей свободе подобно Богу» [Там же: 62]. Человеческая свобода, конечно, с необходимостью отличается от свободы божественной. Бог абсолютно свободен, а люди — лишь относительно: свобода тварей, какая бы они ни была, зависит от абсолютной свободы творящего Слова Божьего. Следовательно, люди свободны так же, как благо́ все творение, — поскольку связано с абсолютной свободой Бога и Его благостью.

Чтобы продумать отношения между Богом и сотворенным человеком, Бонхёффер использует библейскую историю об Эдемском саде. В этом саду, отмечает Бонхёффер, два дерева. Первое — древо жизни, стоящее посреди сада, оно символизирует, что «Бог, дающий жизнь, находится в центре» Адамова бытия. Это означает, что «Адамова жизнь исходит из центра, который есть не Адам, но Бог… особенностью человека является то, что его жизнь все время вращается вокруг своего центра, но никогда им не овладевает» [Там же: 83–84]. Древо жизни показывает, что источник, откуда проистекает жизнь Адама, находится вне его самого.

В центре сада стоит и второе дерево, древо познания добра и зла, на которое Бог налагает запрет: не ешь с этого древа, или умрешь смертью. Первое, о чем говорит Адаму этот запрет, это то, что он свободен. Божественный запрет обращен к Адаму в его свободе, как к тому, кто свободен подчиниться или не подчиниться божественной заповеди. Второе, о чем он говорит, это то, что его свобода ограниченна. Его свобода бродить по саду и вкушать плоды ограничена этим запретом. Вместе два этих древа сообщают Адаму, что его жизнь зависит от Бога-Творца и что его свобода производна и, следовательно, ограниченна [Там же: 85].

Чтобы Адам не был одинок, Бог творит Еву. Адам и Ева интимным и парадоксальным образом принадлежат друг другу: «...они суть одно, и тем не менее их двое... От своего начала они были одно, и лишь став одним, они вернутся к своему началу» [Там же: 97]. Их общение[1] — непознаваемая тайна, свершившаяся в момент, когда Адам спал глубоким сном. Следовательно, общинное бытие Адама, его бытие-вместе-с-Евой, возникает из той же абсолютной божественной свободы, что и его одинокое бытие. Общинное бытие, как и индивидуальное бытие, — это божественный дар, а не человеческое свершение.

В Еве Адам находит «помощника, соответственного ему» (Быт. 2: 18). Согласно Бонхёфферу, это означает, что Ева помогает ему мириться с тем пределом, который был установлен в результате божественного запрета. Когда Адам был один, он знал свой предел, ту ограниченность, которая была сообщена ему через запрет есть плод древа познания добра и зла. Но, говорит Бонхёффер, «Адам не мог по-настоящему любить эту жизнь в ее ограниченности». Адам впервые возлюбил свою жизнь, когда была сотворена Ева, выступающая «одновременно как воплощение предела Адама и объект его любви». В Еве центр и предел Адамовой жизни обретают конкретную форму. «Для Адама [она есть] такое телесное воплощение предела, благодаря которому он сможет легче его сносить. Другими словами, любовь к человеку помогает выдержать предел» [Там же: 98–99].

Следовательно, до грехопадения центром и пределом человеческого бытия является Бог. То, что Бог есть центр человеческого бытия, означает, что это бытие проистекает из Бога. Тот факт, что Бог есть предел человеческого бытия, отражает различие между Творцом и тварью. Бог свободен безусловно, что вы видим в творящем Слове Божьем, тогда как люди свободны в ограниченном смысле, как и подобает сотворенным существам. Божественный предел, помимо прочего, кажет себя в другом человеческом существе, где он принимает форму лю-

---

[1] В оригинале — теологически насыщенное слово communion, как, например, в "Holy communion" (Евхаристия, Святое причастие). — *Примеч. пер.*

бовного объекта. Быть тварью — значит жить в этих пределах и этих отношениях.

Учитывая значимость слова «свобода» в современной политической жизни, следовало бы остановиться и подумать, как Бонхёффер описывает свободу в состоянии, предшествовавшем грехопадению, или состоянии идеальном [Там же: 62–64]. Только божественная свобода, по Бонхёфферу, не имеет пределов. Истинная человеческая свобода, поскольку была сотворена, коренится в Боге и ограничена Богом, и ра́вно коренится в других людях и ими ограничена. Иными словами, человеческая свобода для Бонхёффера — не просто свобода формальная, она имеет особое содержание. Формальная свобода была бы разновидностью чистого выбора, свободой делать все, что я хочу, свободной от любых ограничений. Напротив, сказать, что свобода имеет содержание, — значит сказать, что свобода подлинно свободна только тогда, когда осуществляется так, а не иначе. Мы не просто «свободны от» ограничений, что означало бы, что любое проявление нашей свободы правомочно. Скорее, как говорит Бонхёффер, мы «свободны для». Мы лишь тогда истинно свободны, когда осуществляем нашу свободу определенными способами, а именно, когда осуществляем ее как коренящуюся в Боге и ограниченную Богом, а также как коренящуюся в других людях и ими ограниченную.

Грехопадение

Конечно, на творении история не заканчивается. Очень скоро в Книге Бытия мы читаем о грехопадении Адама и Евы. Хотя это грехопадение остается в конечном счете «непостижимым» и «невыразимым» [Там же: 104], нам известно, что ему предшествовал вопрос змея: «...подлинно ли сказал Бог: "не ешьте ни от какого дерева в раю"?» Ева отвечает: «...плоды с дерев мы можем есть, только плодов дерева, которое среди рая, сказал Бог, "не ешьте их и не прикасайтесь к ним, чтобы вам не умереть"» (Быт. 3: 1–3). Простой вопрос змея — «подлинно ли сказал Бог?» — на самом деле коварен, поскольку предполагает глубочайшую перестройку человеческих отношений с Богом. Отношение людей к Слову

Божьему в изначальном смысле есть слушание и исполнение, но змей побуждает их исчислить вес этого Слова и вынести о нем суждение [Там же: 108]. Отвечая, Ева остается верна божественной заповеди, но «она позволяет себе ввязаться в эту умную беседу» [Там же: 110].

Змей проникает в эту открытую брешь: «...нет, не умрете, но знает Бог, что в день, в который вы вкусите их, откроются глаза ваши, и вы будете, как боги[2], знающие добро и зло» (Быт. 3: 4–5). Съесть плод древа — значит познать добро и зло. И как верно понимает змей, для Адама и Евы познать добро и зло — вместо того чтобы просто слышать и исполнять божественное Слово, поскольку оно благое — значит перестроить отношения между Творцом и тварью. Отныне они будут не как твари, а «как боги».

Бонхёффер обыгрывает две латинские фразы, противопоставляя одну другой. До грехопадения люди суть *imago dei*, образ Божий. Образ Божий, однако, с очевидностью не есть Бог. Адам и Ева свободны, но их свобода ограниченна. До грехопадения Бог является одновременно их центром и границей. Напротив, в падшем состоянии люди становятся *sicut deus*, как Бог. Они «отрекаются от жизни, исходящей от этого слова, и присваивают ее себе. Они сами становятся в центр» [Там же: 117]. Оказываясь в центре и вне каких-либо границ, они становятся своим собственным источником жизни и блага. Они делают себя подобными Богу.

Если будешь есть с древа познания добра и зла, говорит Бог, «смертью умрешь». Но змей говорит: «...нет, не умрете». Парадоксально, но оба правы. Пересекая границу, Адам и Ева претендуют быть центром самих себя. Но древо жизни, находящееся в центре сада, дает жизнь, только если твари организуют вокруг него свою жизнь, без того чтобы за него хвататься. Хватаясь за него, Адам и Ева отрезают себя от источника жизни. Это должно означать для них смерть, небытие. Как говорит Бог: «Смертью умрете». Однако Бог милостиво сохраняет им жизнь, пусть

---

[2] В цитируемом английском переводе Библии «Бог» стоит в единственном числе, как и в ряде современных русских переводов. — *Примеч. пер.*

и падшую в грех. Теперь они живут между смертью и жизнью, между проклятием и мириться с тем пределом, или благословлением:

> То, что человек должен жить в падшем мире, что он получает ровно то, чего желает, что, будучи таким сущим, которое есть *sicut deus*, он должен жить в своем *sicut deus* мире — все это *проклятье*. То, что человеку *позволено* жить в этом мире и что ему не будет отказано в божественном Слове, даже если это Слово будет словом Божьего гнева, Бога, который отлучает, который изрекает проклятье, — это обетование [Там же: 132].

Человек проклят, получая то, чего желает, — жизнь, проживаемую из самой себя, каковая есть не жизнь, но смерть. И человек благословен, когда истинный Податель жизни позволяет ему прожить ее в этой безжизненности. Человек «вынужден жить, однако он не может жить. Это и значит смерть» [Там же: 135][3].

Грехопадение коренным образом изменяет человеческие отношения с Богом, но оно также изменяет отношения людей между собой. Другими словами, грех изменяет нашу социальную, политическую совместную жизнь. Вспомним, что пределом Адама Бог сделал Еву — пределом, который Адам до грехопадения любил. Однако падший Адам не мог стерпеть никакого предела своему *sicut deus* бытию. В падшем состоянии Ева остается для Адама пределом, но Адам ненавидит этот предел. Ева, которая была благословением, стала проклятьем. «Там, где упраздняется любовь к другому, человек может лишь ненавидеть эту границу. Человек, следовательно, желает лишь неограниченно владеть другим или же его уничтожить» [Там же: 99].

Падшее состояние — это, одним словом, изоляция. Падшие люди отрезаны от Бога и от других людей.

---

[3] И также: «Жизнь человека движется по кругу. Он полагается на свои собственные ресурсы. Он одинок. Он не может жить, поскольку на самом деле в этой жизни он не живет, в ней он мертв, потому что он должен жить, то есть он должен жить, исходя из собственных ресурсов, а это и есть смерть...» [3: 91].

Человек получил то, чего желал. Он сам стал творцом, источником жизни, источником знания добра и зла. Он сам по себе, он живет за счет собственных ресурсов, он больше не нуждается в других, он господин своего мира, даже если это означает, что он — единственный господин и деспот над своим немым, попранным, безмолвным, мертвым эго-миром [Там же: 142].

Христос

Третьим актом этой теологической истории является избавление, где Христос прорывает человеческую изоляцию и воздвигает себя в качестве нового центра и новой границы. Об этом акте Бонхёффер говорит в том числе в «Лекциях по христологии» 1933 года.

Вспомним, какова была связь между грехом и познанием в «Творении и грехопадении». Запретный плод висит на древе *познания* добра и зла. Съев его, Адам и Ева вступили в иные отношения с Богом, теперь уже в качестве знающих. До грехопадения Адам и Ева лишь слушали и исполняли божественное Слово. Если до падения и было какое-то знание, оно было непосредственным и простым. Не было нужды обдумывать божественное Слово, рефлексировать над ним, классифицировать его, выносить о нем суждение и т. д. Но змей, посеявший сомнение в божественном Слове, предложил тем самым более сложное, рефлексивное отношение к Слову. Стало возможно изучать Слово, выносить о нем суждение, оценивать его и в конечном итоге господствовать над ним. Следовательно, одним из выражений греха является знание, в котором грешник претендует на обладание Богом и другими.

Эта связь между знанием и грехом образует мост между «Грехопадением и творением» и «Лекциями по христологии», где Бонхёффер продолжает размышлять над тем, как процесс познания усиливает изоляцию грешника и его претензии на господство. В этих лекциях Бонхёффер говорит, что познание есть прежде всего операция по классификации объектов. Познающее «Я»

(Бонхёффер иногда называет его «логосом», греческим словом, которое можно перевести как «разум») встречает потенциальный объект познания и начинает вписывать его в классификационную схему. Поскольку это классификационная схема — ментальная картотека «Я», если угодно, — и определяет ход этой встречи, познающее «Я» находится с познаваемым объектом в отношениях господства.

Картина становится несколько более сложной, когда логос сталкивается с объектом нового типа. Для познающего грешника такие объекты несут скрытую угрозу, поскольку классификационная схема «Я» может оказаться неадекватной миру, а это несет угрозу для господствующего «Я». Однако «Я» пластично и способно преобразовывать классификационную схему для работы с новыми объектами, надежно ассимилируя их в процессе познания. Угроза нейтрализована.

Но что происходит, продолжает Бонхёффер, если познающее «Я» встречается не с идеей, а с человеком? Вспомним, что после Адамова грехопадения Ева из человека, подлинно ограничивающего его извне, превратилась для него в нечто тождественное объекту, что Адам может «втянуть» в себя, над чем может господствовать и чем обладать. В «Лекциях по христологии» Бонхёффер предлагает нечто противоположное. Что случится, если греховное «Я», с такой ловкостью познающее и классифицирующее объекты, обнаружит перед собой нечто настойчиво избегающее и сопротивляющееся классификации, а именно человека? Человек гораздо больше, чем новый объект, угрожает подорвать всякую претензию познающего «Я» на господство.

Вскоре становится ясно, что Бонхёффер не имеет в виду обыкновенного человека. Этот человек говорит познающему «Я»: «Я есмь истина», я есмь смерть познающего логоса, я есмь жизнь божественного логоса, я есмь Альфа и Омега. Отныне «больше невозможно умещать Слово, ставшее плотью, в классификационную систему логоса». Эта встреча с личностью Иисуса Христа, которую Бонхёффер называет «противо-логосом», вынуждает человеческий логос отказаться от своего стандартного способа познания, основанного на «как» (как данный объект умещается в мои классификации?), в пользу нового типа вопрошания, во-прошания о «кто». «Кто ты есть? Этот вопрос задает испуганный, свергнутый со своего места человеческий разум, и это также вопрос веры: Кто ты есть? Ты — Господь?» [12: 302]. В этой встрече с человеческим логосом божественная личность Христа провозглашает, что она и есть истина, высшее условие всякого познания, а потому она попирает всякие претензии человеческого «Я» на господство посредством знания. Кто-то из них должен уйти.

Перенося эту встречу логоса и противо-логоса на библейский нарратив о Христе, Бонхёффер пишет:

> Логос не может вынести присутствия противо-логоса, по-тому что он знает, что один из них должен умереть. Человеческий логос убивает возникающий перед ним и бросающий ему вызов логос Иисуса Христа... Но противо-логос, который восстал из мертвых, больше не может быть предан смерти людьми... Поскольку Христос есть Сын, на вопрос, заданный Христу, «Кто ты?», ответ уже дан [Там же: 305–306].

Над объектами можно господствовать, людей можно убить, но божественная личность Христа (выступающая противо-логосом) возвращается, чтобы вернуть грешника Богу.

Все три акта теологической истории можно пересказать с по-мощью понятий центра и предела. Когда был сотворен Адам, его центром и пределом был Бог, конкретную же форму его границы обретали в других, а именно в Еве. Согрешив, Адам и Ева нару-шают границы их сотворенной жизни и претендуют на то, чтобы самим стать своим центром. Поскольку Адам и Ева претендуют на то, чтобы быть этим центром, другой-как-предел становится для них невыносим. Занимая центр, мы господствуем над други-ми, обладаем ими. Таким образом, разрушение отношений с Богом приводит к разрушению отношений между людьми. Единственный возможный выход — это встреча с Христом, ко-торый, будучи Богом, предстает перед грешниками лицом к лицу и в своем могуществе, заново утверждая Бога в качестве центра и предела человеческой жизни. Эта встреча освобождает человека для новой жизни и надлежащим образом устроенных отношений с другими, в том числе политических отношений.

Я представил эти три акта в нарративном порядке, но сам Бонхёффер считает, что эта история по-настоящему открывается только тому, кто уже обрел новую жизнь во Христе. Пребывая в грехе, Адам не знает о своем греховном состоянии. Если спросить Адама, что он делает, он ответит: «Я свободен. Я — хозяин своих владений». Лишь после встречи с Христом Адам узнает, что его прежняя жизнь была бытием-к-смерти. Как говорит Бонхёффер, цитируя лекции Лютера по Посланию к Римлянам, «лишь в вере мы знаем, что мы грешники» [2: 136]. Лишь в третьем акте мы узнаем о втором и первом [3: 22]. Теологическая история Бонхёффера христоцентрична.

Его христоцентризм выражается и в политической мысли. Вспомним, что в конце концов именно эта теологическая история задает контекст его политической и сопротивленческой мысли. Но если мы утверждаем, что эта история познается только через Христа, то мы тем самым утверждаем, что познать ее могут только христиане. Неизбежным следствием отсюда является следующее: если мы не соглашаемся с теологической историей Бонхёффера, мы также не согласимся с его политической мыслью вообще или с его сопротивленческой мыслью в частности. Нехристиане, скорее всего, не согласятся с его политической перспективой, поскольку их собственная политическая перспектива укоренена в других историях. Если наша политическая перспектива опирается на историю, согласно которой люди ничем не связаны и абсолютно свободны, где они сами свой исток и центр, то мы не сойдемся с Бонхёффером. И мы также не сойдемся с ним, если наша политическая перспектива опирается на историю, где человеческая свобода исходит из самих индивидов, а не коренится в их социальности. Наши политические взгляды сформированы историями, которые мы рассказываем себе о своих истоках, конечных смыслах и целях — историями такими же мифическими, как и история из Книги Бытия. Те из нас, кто не принимает теологическую историю Бонхёффера, скорее всего, не смогут полностью принять его политические взгляды.

Однако это не значит, что христоцентризм Бонхёффера ведет к сектантской политике, где христиане преследуют свои особые политические цели, а нехристиане (или христиане другого рода) преследуют свои. Для христоцентризма Бонхёффера Христос — это Господь не христиан, а всей действительности. Нехристиане участвуют в этой истории, даже если не осознают этого до конца. Это означает — и мы раскроем это далее, — что христологическая перспектива Бонхёффера достаточно «вместительна» для того, чтобы христиане могли объединяться с нехристианами ради общего политического дела, как это и было, когда Бонхёффер вступил в заговор.

Глава 2
Лютеранские акценты

Оправдание

В том, что мы к этому моменту узнали о теологии Бонхёффера, угадываются признаки лютеранства, и они становятся еще более заметны, если от его истории о творении, грехопадении и Христе перейти к его политическим размышлениям. Чтобы подготовить почву для этого перехода, полезно вспомнить ряд традиционных характеристик лютеранской теологии и сквозь них взглянуть на идеи Бонхёффера. Начальной точкой для нас будет доктрина об оправдании, которая обычно считается центральным элементом лютеранской теологии[1].

Классическая версия доктрины об оправдании была представлена в памфлете Лютера 1520 года «О свободе христианина». Лютер ставит вопрос об оправдании с точки зрения праведности: как становятся праведными или получают оправдание перед Богом? Один из традиционных ответов гласит, что праведность частично достигается через исполнение закона, то есть моральных и ритуальных правил, установленных Богом. Будь мы средневековыми римскими католиками, мы бы ответили примерно так: следует исполнять закон, зная, что благодать Христа, опосредованная системой церковных таинств, помогает нам на этом пути и компенсирует неизбежные неудачи. Спасение здесь оказывается некоей совместной работой Бога и людей. Люди

---

[1] То, о чем я говорю в этой главе, в некоторой степени соответствует [Gritsch, Jenson 1976: 36–68].

совершают благие дела (дела закона), которыми в определенной степени заслуживают спасение, но им помогает благодать Христа, доступная через веру. Спасение обретается и через веру, и через дела, и через человеческие заслуги, и через божественную благодать.

Лютер такой ответ отвергает: «Одно, только одно необходимо для христианской жизни, праведности и свободы. И это — святейшее слово Божье, Евангелие Христа» [Лютер 1994: 26]. И, как он пишет далее: «Слово Божье не может быть принято и взращено никакими на свете делами, но только лишь верой. <...> Такая вера не может существовать в сочетании с делами... вы оправданы заслугами Другого, — а именно только лишь добродетелями Христовыми» [Там же: 27–28]. Единственное, что необходимо, — это слово Божие во Христе, обретаемое верой, помимо дел. Лютер, по сути, отрицает идею, что оправдание является совместным делом Бога и людей. Оправдание — дело одного лишь Бога. Поэтому оправдание дается только благодатью (*sola gratia*), а не благодатью *и* заслугами. Люди не могут сами заслужить спасение, но по благодати приобщаются к заслугам Христа. Оправдание дается только верой (*sola fide*), а не верой *и* делами закона. Лютер учит, что оправдание дается через милостивую заслугу Христа, к которой мы приобщаемся верой, помимо дел закона.

Позднесредневековая точка зрения, отвергаемая Лютером, по его мнению, ставит во главу угла благие дела, или дела закона. Такую позицию Лютер описывает термином «дела праведности». Мы рискуем ошибиться, думая, что его озабоченность вопросом об оправдании проистекала из некоего морализма, как если бы он отрицал католическую точку зрения как слишком сосредоточенную на правильных поступках и как если бы его собственное учение об оправдании касалось в первую очередь нашей моральной экзистенции. Для Лютера оправдание не является некоей обособленной частью нашей жизни, подобно морали. Проблема оправдания затрагивает всю нашу экзистенцию. Для обозначения этой всеохватной перспективы Лютер использует термины «благие дела» и «закон», однако можно допустить, что здесь лучше подошли бы какие-то другие термины.

Беспокоиться о своей праведности — значит задаваться вопросом о своем праве предстоять Богу. Хотя язык, содержащий слова «святость», «праведность», «благие дела» и «закон», может показаться узко моралистическим, на самом деле вопрос касается наших собственных бытия и смысла. Вопрос об оправдании — это радикальный вопрос о нашей конечной ценности. Когда Лютер говорит, что мы оправданы верой во Христа, а не делами, он тем самым утверждает, что оправдание нашего существования, нашей доброты, нашего смысла и нашей ценности исходит не от нас самих, а извне, а именно от Бога, явленного нам во Христе.

Еще одна ложная трактовка лютеровской доктрины об оправдании проистекает из ошибочной мысли, будто Лютер, апеллируя к вере, тем самым заменяет множество разных дел одним наиболее важным. Согласно этой трактовке, ошибка позднесредневековой католической точки зрения состоит в требовании любить ближних, почитать родителей, быть честными, блюсти целомудрие и исполнять все прочее, что числится в некоем бесконечном и обременительном списке. И Лютер якобы порывает с этим списком, заменяя его одним пунктом — верой. Он будто бы заменяет бесконечный список условий одним-единственным. Но смысл доктрины об оправдании, описанной в предыдущем абзаце, состоит как раз в том, что оправдание безусловно. В нас нет ничего — никаких условий — что могло бы потенциально произвести наш конечный смысл. Поэтому под верой понимается не некое отдельное человеческое действие, придающее нашей жизни смысл. Вера — это абсолютно бездейственная, пассивная зависимость от Бога, дарующего нам смысл жизни.

Помня об этой проблематике оправдания, вернемся теперь к Бонхёфферу. Его интерпретация положения человека до грехопадения выражает эксцентрический характер человеческой экзистенции, на котором в своем учении об оправдании настаивает Лютер. Из истории творения (соделанного посредством свободного Слова Божьего) человеческие бытие, благость и смысл абсолютным образом зависят от Бога. Как символизирует древо жизни, растущее в Эдемском саду, источник человеческого бытия находится вне его, что будет еще сильнее выражено в божественной границе, которой для каждого человека будет другой человек. После грехопадения Адам и Ева отрицают эту реальность и пытаются быть центром самих себя. Говоря лютеровским языком, они хотят иметь власть оправдывать самих себя. Именно на нее претендует тот человеческий логос из «Лекций по христологии», и именно ее он воплощает в своем познавательном господстве над миром. И именно это стремление определять мир из своего «Я» решительно отвергает Христос. Грешник, который пытается из самого себя породить свои ценность, смысл и благость, встречая Христа, умирает, чтобы возродиться в Нем, и заново признает Бога в качестве центра и предела своего бытия.

Закон и Евангелие

Утверждение Лютера, что оправдание дается верой, а не делами, провоцирует следующее возражение: зачем тогда все эти законы и заповеди? В конце концов, в Библии всюду говорится о Боге, который говорит людям, что им делать, а что нет. Если оправдание безусловно, зачем тогда ставить столько условий? На самом деле Лютер сам приводит это возражение в «Свободе христианина» и сам же на него отвечает, прибегая к идее, которая, наряду с его доктриной об оправдании, оказывается центральной для всего лютеранского мышления: идее о различии между законом и Евангелием. Как мы увидим дальше, это различие имеет основополагающее значение для политического мышления Бонхёффера.

В Писании, утверждает Лютер, есть два языка, или способа говорения, которые необходимо четко разделять. Один язык — это язык закона, или заповеди. Закон накладывает условия. *Если* у вас есть разрешение, *то* вы можете провести здесь шествие. *Если* ты съешь овощи, *то* ты можешь приступить к десерту. Там, где имплицитно или эксплицитно наличествует этот язык если/то, мы имеем дело с законом. Из рассмотренной выше доктрины об оправдании мы знаем, что для Лютера закон не в силах сообщить жизни безусловное значение, причем именно потому, что накладывает условия. Это и значит, что закон и дела нас не оправдывают. Напротив, то, что *оправдывает*, — это безусловное утверждение Бога: «Я люблю тебя не потому, что у тебя есть разрешение, или потому, что ты съел овощи, не потому, что ты воздерживался или даже любил своего ближнего. Я люблю тебя из-за Христа». Так говорит евангельский язык, полностью отличный от языка закона и имеющий собственную логику. Объясняя, почему в Библии столько заповедей, хотя оправдания не добиться делами, Лютер прежде всего указывает на это различие между законом и Евангелием [Там же: 29].

Из этого объяснения становится ясно, что тема закона и Евангелия тесно связана с вопросом об оправдании. Причина в том, что всякий разговор об оправдании тут же требует опоры на различие между законом и Евангелием. Как только мы говорим, что «оправдание не имеет отношения к делам закона», любой проницательный собеседник сразу возразит: «Так что же тогда [значат] все эти законы, заповеди и условия, о которых говорится в Библии?» Таким образом, концепция отношений закона и Евангелия должна непосредственно следовать за лютеранской концепцией оправдания. В некотором смысле доктрина об оправдании и различие между законом и Евангелием говорят об одном и том же. Сказать, что мы оправданы не делами, но Христовой благодатью, — значит сказать, что мы оправданы не законом, но Евангелием, поскольку, как это хорошо видел Лютер, Евангелие *и есть* весть о Христовой благодати. Поэтому в глазах Лютера и всей рассматриваемой традиции доктрина об оправдании и различие между законом и Евангелием непосредственно примыкают друг к другу.

Однако проведение различия между законом и Евангелием — лишь первая ступень ответа на вышеупомянутое возражение. Логика этого возражения такова: если вы утверждаете, что в конечном счете значение имеет именно оправдание, которое провозгласило и ввело в действие Евангелие, то в чем смысл всех этих заповедей? Иначе говоря, в чем польза закона? В самом деле, Лютер различает закон и Евангелие не для того, чтобы отбросить закон и направить все внимание на Евангелие. Скорее он их различает, чтобы объяснить совместное действие закона и Евангелия, объяснить роль каждого из них. Как же тогда применяется закон?

В своем определении оправдания Лютер уже фактически отверг одно из применений[2] закона: оправдание говорит нам, что закон не следует использовать как путь к праведности, дарующей спасение. Такое применение закона — как дорожной карты, указывающей путь к праведности перед Богом, — Лютер считает глубоко ошибочным и приписывает эту ошибку большей части христианской традиции. Его собственная доктрина об оправдании как раз и призвана ее исправить. Следовательно, какова бы ни была задача закона, он явно не может служить дорожной картой, указывающей путь к праведности.

Задача закона, говорит Лютер, — в том, чтобы убедить нас в нашей греховности. Именно это теологи иногда называют теологическим, или духовным, применением закона. Если мы и вправду поймем, полагает Лютер, чего именно требует от нас закон, то мы отчаемся его исполнить. Кто способен безупречно следовать ветхозаветным законам? Кто в силах соответствовать стандартам, установленным Иисусом в Нагорной проповеди, не вожделеть в сердце своем и не стремиться отомстить врагам? Для Лютера устанавливаемый божественным законом стандарт слишком высок, чтобы ему соответствовать, и абсолютно неколебим: он «должен быть исполнен до последней буквы, в противном случае человек обречен на безнадежное проклятие» [Там же]. Согласно такой перспективе, закон дан не для того, чтобы сообщить нам, что нам следует делать, а чтобы показать, что мы делаем не в силах, пусть это и кажется контринтуитивным.

Это известие могло бы показаться нам удручающим, и таким оно и было бы, если бы на нем все и заканчивалось. Однако Лютер продолжает:

---

[2] В оригинале — use, что имеет для автора статус понятия, однако из-за разнообразия способов его использования за ним крайне трудно закрепить единый русский термин. Мы переводим его тремя словами — «применение», «аспект», «функция» (хотя словом «функция» мы также переводим понятие office). Там, где, по нашему мнению, читатель может запутаться, в скобках мы оставляем оригинал. — *Примеч. пер.*

И вот здесь вторая часть Писания приходит к нам на помощь, а именно — [здесь появляются] обетования Божьи. <...> Таким образом, обетования Божьи дают то, что заповеди Божьи требуют, они исполняют то, что закон предписывает, чтобы все сущее могло быть только Божьим, — как заповеди, так и исполнение заповедей. Он один заповедует и Он один исполняет [Там же].

Здесь мы видим, что закон и Евангелие, заповеди и обетования действуют совместно, как комбинация из двух ударов: закон ввергает нас в отчаяние относительно нашей способности своими силами снискать праведность, и тут мы падаем в милостивые руки Христа, который исполняет закон за нас. Закон и Евангелие различны, но действуют вместе.

Повторим, что различие между законом и Евангелием идет рука об руку с доктриной об оправдании. Пока закон не покажет нам, что спастись своими силами мы не можем, мы не поймем, чем является деяние Христа, а является оно абсолютной милостью. Без такого теологического применения закона мы всегда рискуем допустить, что сами заслужили свое спасение. Например, мы можем думать, что на 80 процентов мы всё сделали сами, а Христос лишь под конец помог нам совершить финальный рывок. Или мы можем смиренно думать, что мы прошли лишь 20 процентов пути, а Христос помог нам пройти остальные 80. Покуда мы продолжаем думать, что наше спасение есть совместная деятельность Бога и нас самих — причем неважно, какое именно тут разделение труда, — мы, согласно Лютеру, все еще глухи к евангельской вести, вести о том, что Бог любит нас безо всяких условий. Пока наши попытки самостоятельно совершить добро не будут полностью осуждены законом, мы не узнаем, что Христос является подлинным центром и границей нашей жизни. Закон должен быть законом, чтобы Евангелие было Евангелием. Когда закон таким образом ведет к Евангелию, то мы говорим о законе в его теологическом применении.

Лютер говорит еще и о второй, не менее важной функции закона — функции сдерживания греха (рис. 2.1). Согласно Лютеру, грех нарушает упорядоченность мира, порождая хаос. Бог дает

нам закон, чтобы ограничить хаос, являющийся следствием
греха. Такая функция закона — то есть сдерживать грех и упорядочивать хаос — направлена в первую очередь на грешников,
которые вовсе не получили оправдания или пока еще его не получили. Говоря языком Бонхёффера, к которому он прибегает
в «Творении и грехопадении», можно сказать, что грешники
стремятся к господству и доминированию над другими, и это
стремление необходимо ограничить. Такой закон, как, например,
«не убий», призван ограничить особо вопиющие проявления
греха, ведущие к хаосу.

Во вторую очередь функция сдерживания греха применима
и к самим христианам. Вспомним, что, согласно доктрине об
оправдании, праведность спасенных грешников в некотором
смысле принадлежит не им, но милостиво им ее даровавшему
Христу. Поскольку праведность верующих есть чужая для них
праведность, они парадоксальным образом одновременно являются грешными и спасенными, грешниками и святыми. Таким
образом, оправдание не избавляет верующего от грехов полностью. Христианин тоже должен сдерживать в себе грех, покуда
не будет окончательно завершен спасительный труд Христа.
После оправдания верующий все еще живет «этой смертной,
земной жизнью. В этой жизни он должен управлять своим собственным телом и общаться с [другими] людьми. Здесь и начи-
наются дела» [Там же: 38]. Дела закона в жизни христианина
призваны сдерживать его греховную природу, которая, хотя
и была покорена, но сохранила некоторую силу.

Такое применение закона следует четко отделять от того ложного применения, которое Лютер осуждал и того теологического применения, которое он поддерживал. Неохотное исполнение
закона, например закона «не убий», не оправдывает грешника.
Скорее, речь идет о том, что этот закон позволяет ограничивать
пагубные последствия греха, чреватые хаосом. И если оправдание
христианина сопровождается, к примеру, целомудрием, он
по-прежнему остается спасен верой, а не делами. Другими словами, дела, которые совершаются согласно закону в его функции
сдерживания греха, и в самом деле суть благие дела, которые

Слово Божье/Евангелие

закон   Евангелие

функция   духовное
сдерживания греха   применение

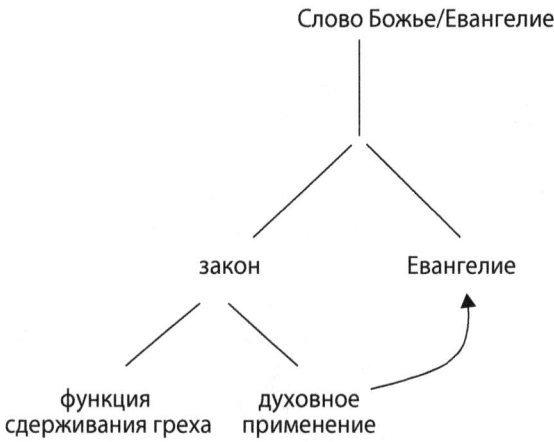

Рис. 2.1. Закон и Евангелие

необходимо выполнять. Однако они не заслуживают похвалы и не ведут к спасению. Благие дела сдерживают грех в этом мире, однако ими нельзя заслужить спасительной праведности.

Функцию сдерживания греха не следует также путать с теологической функцией закона, где закон ввергает грешника в отчаяние и в конце концов бросает в руки Христа. Грешник, который слышит заповедь «не лги», понимая ее в аспекте сдерживания греха, слышит «я не должен лгать». Он не слышит: «Я не могу быть своей собственной истиной и потому должен всецело полагаться на Христа как на свою истину». Следовательно, один и тот же закон может быть услышан, или применен, множеством различных способов.

И вот мы подходим к порогу специфически политического мышления, поскольку в политике речь идет именно о законе в его функции сдерживания греха. В нашем повседневном опыте закон (например, ограничение скорости движения) выступает в своем гражданском, или политическом, аспекте (use). Согласно и Лютеру, и Бонхёфферу, политическая власть, которую мы бы назвали государством, обладает божественным мандатом на установление и обеспечение закона, понимаемого именно в этом смысле. Согласно их точке зрения, государство существует ради того, чтобы сдерживать распространение греха внутри общества. В этой книге применение закона со стороны государственной власти ради сдерживания греха и содействия добру я буду называть «политическим применением закона»[3].

Однако прежде чем войти в дверь политического мышления, подытожим сказанное о законе и Евангелии. Закон в общем и целом — это требования и условия, которые Бог ставит перед людьми. Закон следует отличать от Евангелия, то есть вести о том, что требования к человеку со стороны Бога были исполнены Христом, так что отныне люди могут любить безо всяких условий. Закон можно рассматривать в трех его аспектах, или трех типах применения/трех функциях. Первый тип применения закона — тот, который отвергается в лютеровской доктрине об оправдании: ради обретения заслуг посредством благих дел. Второй тип, который Лютер одобряет, — это духовное (или теологическое) применение, благодаря которому человеку открывается бездна его греха, что, в свою очередь, позволяет ему по-настоящему услышать евангельскую весть. Третий тип, который он также одобряет, — в качестве средства сдерживания греха. Когда закон используется так в гражданском обществе, мы говорим о политическом применении закона.

---

[3] То, что я называю применением закона ради сдерживания греха, часто называют гражданским, или политическим, применением закона. «Политическим применением закона» я предпочитаю называть функцию сдерживания греха, соответствующую государственной власти. Речь здесь идет о структурировании и регуляции общества посредством закона ради сдерживания зла и содействия добру. Согласно моей интерпретации, функция сдерживания греха может распространяться не только на политическую сферу, поскольку, например, отдельный человек также может упорядочивать свою жизнь ради сдерживания своего греха.

Глава 3
Политическая жизнь

Контекст политической жизни:
сохранение, устремленное к избавлению

Если принять лютеранскую доктрину об оправдании и различие между законом и Евангелием, то получится следующая картина божественной деятельности в мире: Бог совершает скоординированное, двойное действие, направленное одновременно на сохранение и избавление. Различие сохранения и избавления, по сути, повторяет содержание различия между законом и Евангелием. Закон в своей функции сдерживания греха уберегает, или сохраняет, грешника от полного разрушения, которое справедливо должно последовать за грехом. В грешнике действуют всевозможные импульсы, толкающие его к причинению вреда себе и другим, некоторые из которых оказываются блокированы, когда он слышит, например, заповедь «не убий». Закон в его функции сдерживания греха уберегает, или сохраняет, грешника, чтобы оставить ему шанс на избавление. Избавление приходит через слышание закона в его теологическом аспекте, что в дальнейшем позволяет грешнику услышать Евангелие оправдания. Таким образом, Бог *сохраняет* грешника посредством закона и затем *приносит ему избавление* посредством скоординированного действия закона и Евангелия. Итак, мыслить в категориях закона и Евангелия — значит подразумевать, что Бог действует одновременно в сохранении и избавлении.

В первой главе мы говорили о трех актах теологической истории, которой придерживался Бонхёффер: творение, грехопадение и пришествие Христа. Однако нам нужно ввести еще один акт, поскольку процесс избавления, который Бог соделывает через личность Христа, по сути, представляет собой сдвоенный процесс, состоящий из сохранения *и* избавления. В «Творении и грехопадении» грех предстает как отпадение от Бога, падение в ничто и бессмысленность. Грех — это склонность к разрушению, направленная на себя, Бога и других. Справедливая расплата за грех — смерть, то есть небытие. Это означает, что промежуточным шагом между грехопадением и избавлением во Христе является сохранение творения в его греховном бытии. Поскольку грех есть попросту небытие, тот факт, что греховное творение продолжает существовать, свидетельствует о том, что его сохраняет Бог [3: 139–140]. В общем, для мира Бог выступает как хранитель и избавитель, так что сохранение мира находит свои смысл и завершение в избавлении.

В связи с этим возникает момент, значение которого трудно переоценить: для Бонхёффера вопросы политики подпадают под теологическую категорию сохраняющей деятельности Бога. Введя в этой главе понятие сохранения, мы тем самым ввели четвертый эпизод теологической истории, которую представили в первой главе. Теперь у нас есть творение, грехопадение, сохранение и избавление. Сказать, что Бонхёффер относит политику к деятельности сохранения, не значит, конечно, строго отделить эти эпизоды друг от друга. Эпизод сохранения связан с тремя другими, поскольку сохранение есть сохранение сотворенного и падшего мира ради его избавления. Тем не менее, по Бонхёфферу, относить политику к чему-то иному, кроме как к сохранению, — значит совершать категориальную ошибку. Если мы хотим понять его политическое мышление в его целостности, понять его позицию по конкретным политическим вопросам и то, какие политические взгляды он отвергает, нам необходимо отчетливо помнить, что политика для него относится к делу сохранения.

Чтобы подробнее раскрыть значение того факта, что Бонхёффер рассматривал политику как дело сохранения, можно противопоставить его теологический взгляд на политику двум другим, которые он оспаривал на протяжении всей жизни. Согласно первому из них, политика относится к сфере творения, согласно второму — к сфере избавления. С точки зрения Бонхёффера, коль скоро мы рассматриваем политическую жизнь под рубрикой сохранения, нам следует оспаривать две другие неприемлемые альтернативы.

Первая альтернатива, часто оспариваемая Бонхёффером, относит политику к области творения. Теологическая интерпретация политики, делающая упор на творении, зачастую опирается на идею естественного закона и провозглашает, что знание о том, как нам следует устраивать свою политическую жизнь, мы должны черпать во многом из естественного устройства вещей. Вот пример простого аргумента от естественного закона:

> Сексуальность человека естественным образом реализуется в гетеросексуальных парах, поскольку естественной целью сексуальности является рождение потомства, а потомство рождается лишь у гетеросексуальных пар. Следовательно, гетеросексуальные отношения следует считать естественными и благими, тогда как другие сексуальные отношения менее естественны и должны оцениваться как менее благие.

На примере этого простого аргумента можно увидеть базовую структуру всех аргументов, опирающихся на идею естественного закона. С разной степенью утонченности, все они выводят долженствование из бытия. Естественное состояние вещей дает нам важные ключи к пониманию того, как все должно быть. Аргументы, отталкивающиеся от естественного закона, отражают теологический акцент на творении. В конце концов, творение есть произведение Бога и потому должно отражать Его волю. Следовательно, знание о том, чего хочет от нас Бог, в том числе относительно нашей политической жизни, до некоторой степени можно вывести из творения.

Тем не менее Бонхёффер последовательно критикует теологическую политику, сфокусированную на творении и опирающуюся на аргументы от естественного закона. Если бы божественную волю относительно политического устройства можно было напрямую вывести из знания о творении, это означало бы, во-первых, что творение, насколько оно нам доступно, пребывает в первоначальном и неиспорченном состоянии. Но это значило бы забыть второй эпизод теологической истории — грехопадение. Доступный нам мир — это не сотворенный мир как таковой, но всегда падший сотворенный мир. Знание о таком мире не может сообщить нам божественную волю относительно этого мира, оно лишь сообщает нам нечто о мире в состоянии греха, то есть именно о том, какими вещи не должны быть. Во-вторых, теологическая политика, сфокусированная на творении, упускает из виду, что исследующие творение сами суть падшие существа. Падшие люди, естественно, могут кое-что узнать посредством исследования творения, однако то, что они видят, они склонны интерпретировать в пользу самооправдания. То есть падшие создания, познавая мир, в конечном счете стремятся обосновать свое якобы центральное место в творении. С точки зрения Бонхёффера, падшесть творения и тварей подрывает политику, сфокусированную на творении и основанную исключительно на естественном законе.

Политические взгляды, опирающиеся на идею естественного закона, наилучшим образом сочетаются именно с римско-католической традицией. Однако их логика, утверждает Бонхёффер, «проникала также в современное лютеранство» [16: 506]. И действительно, когда Бонхёффер оспаривает теологическую политику, ориентированную на творение, он зачастую спорит со своими собратьями по лютеранской вере, которых он называет «псевдолютеранами» за их неспособность придерживаться своей же собственной традиции. Поскольку борьба с псевдолютеранами была важным фоном его политической мысли, мы будем возвращаться к этому сюжету на протяжении всей книги.

Приведем пока лишь один пример того, как собратья Бонхёффера по лютеранской вере используют ориентированную на творение логику во имя дурных политических целей. Эти псевдолютеране, как называет их Бонхёффер, утверждают, что *Volk* является естественной категорией, или, если воспользоваться теологической идеей, которую мы объясним чуть позже в этой главе, принадлежит порядку творения. Используемый здесь термин *Volk* означает «народ», однако он также включает в себя идею «расы» и «нации». *Volk*, таким образом, обозначает национальный коллектив, определенный этнически или расово. Утверждая, что *Volk* является естественной категорией, или принадлежит к порядку творения, псевдолютеране тем самым утверждают, что разделение человечества на разные народы есть просто-напросто часть этого мира, сотворенного Богом. Далее ими заявляется, что так же естественна и борьба народов за выживание и господство. Политическая жизнь здесь предстает как борьба одного *Volk* против другого, где более сильный *Volk* побеждает более слабый. С помощью социал-дарвинистской версии аргумента от естественного закона эти псевдолютеране доказывают, что такая борьба является божественным установлением. Далее из этой логики следует, что самоутверждение немецкого народа в ходе борьбы с более слабыми соседями санкционировано Богом. Перед нами — важный пример аргумента от естественного закона, делающего упор на творении, который используется в псевдолютеранских политических теориях (см. [Бонхёффер 2024в: 145]).

Бонхёффер отвергает такие псевдолютеранские оправдания немецкой военной экспансии отчасти по теологическим причинам. Он утверждает, что представлять вражду между народами как санкционированную Богом часть Его творения ошибочно. Скорее, эта вражда есть выражение падшести творения. Этот момент упускается в псевдолютеранстве, поскольку оно чересчур прямолинейно выводит свое толкование политики из творения. Наблюдаемое нами творение, отмечает Бонхёффер, всегда есть творение падшее. Из этого следует, что никакое наблюдение, сделанное относительно творения, нельзя перевести в политическое или этическое предписание, прежде чем мы поймем, как это падшее творение сохраняется для последующего избавления во Христе. Рассуждая о политике, мы должны ориентироваться не на падшее творение, но на Христа, в котором оно сохраняется ради грядущего избавления. (Это, между прочим, является политико-этическим следствием утверждения Бонхёффера из «Творения и грехопадения» о том, что мы познаем творение лишь через Христа.)

Вторая альтернативная теологическая политика, которую Бонхёффер часто оспаривает, делает слишком сильный упор на избавлении. В частности, ее сторонники выстраивают свою модель политической жизни исходя из грядущего Царства Божьего, то есть из того будущего состояния мира, когда Бог завершит свой избавительный труд. Моделью для текущей политики здесь оказывается Царство Божие.

Проблема этого подхода, с точки зрения Бонхёффера, состоит в том, что он упускает из виду сохранение. Единый божественный труд, осуществляемый в мире, справедливо разделен между сохранением и избавлением: сохранение ограничивает разрушительные последствия греха, тогда как избавление окончательно грех упраздняет. Важно помнить, что мы еще не достигли состояния избавления, мы все еще находимся на этапе сохранения (то есть в греховном состоянии). Целью политической жизни, согласно Бонхёфферу, является вовсе не достижение идеального состояния здесь и сейчас. Ее цель скромнее и состоит в том, чтобы ограничить грех посредством закона. Теологическая политика, акцентирующая избавление и ревностно стремящаяся к установлению Царства Божьего на земле, не учитывает различия между сохранением и избавлением.

Бонхёффер считает, что забвение различия между сохранением и избавлением с богословской точки зрения катастрофично, поскольку подрывает идею, заложенную в правильно понятой доктрине об оправдании, то есть идею о том, что избавление есть плод не наших трудов, но Божьих. Она преломляется в политической мысли Бонхёффера, понимающего справедливость как божественный дар, а не задачу, которую нам надлежит исполнить. Наша задача — дело политики — это поддержание относительной меры справедливости, которая ограничивала бы на уровне общества наиболее пагубные следствия греха. Следовательно, политическая оптика, акцентирующая избавление, таит в себе теологическую опасность, смешивая нашу собственную деятельность во имя относительной праведности (которая в лютеранской традиции зовется гражданской праведностью) с праведностью перед Богом. Для лютеранства нет большей ошибки, чем путать божественный дар с нашей собственной деятельностью, поскольку такая путаница нивелирует евангельскую весть о божественной благодати.

Бонхёффер полагает, что эта теологическая ошибка также может иметь разрушительные политические следствия. Устраивать политическую жизнь так, будто Царство Божье уже настало во всей полноте, — значит пренебрегать такими инструментами, как, например, закон, которые Бог определил для сдерживания греха. В мире есть еще множество нехристиан, над которыми довлеет грех, а также христиан, которые, пребывая в парадоксальном состоянии греховности и святости, тоже до некоторой степени остаются подчинены греху. В мире, который еще не обрел окончательного избавления, сила греха должна сдерживаться законом и принуждением там, где это необходимо. Отбросить эти ограничения, идя на поводу ошибочного желания жить так, будто грядущее царство уже наступило, — значит высвободить могущественные последствия греха. Христианская надежда устремлена ко времени, когда лев возляжет с ягненком, но тем, кто желает реализовать этот идеал здесь и сейчас, потребуется большой запас ягнят.

Классическим выражением политического мышления, фокусирующегося на творении, является римской католицизм, причем, согласно Бонхёфферу, это мышление смогло проникнуть также и в современное лютеранство. Прототипом мышления, делающего упор на избавлении, были движения Радикальной реформации, распространившиеся в XVI веке. Реформация, охватившая Европу в XVI веке, породила две магистральные протестантские традиции: реформатскую традицию, возникшую в Швейцарии и связанную с именами Ульриха Цвингли и Жана Кальвина, и лютеранскую, возникшую в Германии и связанную прежде всего с Лютером. Однако помимо них существовали рассеянные группы более мелких реформаторских движений, которые принято относить к так называемой Радикальной реформации из-за разделяемого ими убеждения, что лютеране и реформаты зашли недостаточно далеко. С их точки зрения, недостаточный радикализм состоял отчасти в том, что лютеране и реформаты не решились на революционное переустройство политической сферы.

Несмотря на их заслуги в деле переоткрытия смысла Евангелия, Лютер, Кальвин и другие реформаторы не продвинулись достаточно далеко в построении социального порядка, соответствующего этому Евангелию. Различные ветви Радикальной реформации зачастую весьма по-разному представляли этот социальный порядок. Некоторые принимали за модель христианской жизни Нагорную проповедь и, чтобы ее воплотить, покидали общества, в которых они жили до этого. Другие толковали Евангелие как призыв к установлению строго христианского социального порядка и теократического политического порядка и пытались реализовать их силой меча. Каким бы ни было конкретное содержание этих теолого-политических программ, с точки зрения лютеранской традиции эти радикальные группы заблуждались, считая Евангелие планом общественного устройства.

Подозрительность, с которой Бонхёффер относился ко всяким политическим программам, построенным на Евангелии, проистекала из лютеранской традиции. Заимствуя пейоративный язык лютеранской полемики XVI века, заостренной против радикальных реформаторов, он называет такие радикально-теологические политические взгляды «энтузиастскими» и «фанатичными». Однако использовал он эти термины весьма широко, не только применительно к потомкам радикальных реформаторов, но и ко множеству других движений. «Энтузиастскими» он называл некоторые стороны и Французской революции, и американского социального евангелизма, и даже национал-социализма. И дело было не в тех или иных особенностях их политических программ, которые существенно различались, а в том обстоятельстве, что все они путали сохранение и избавление, наделяя радикальные политические преобразования спасительным смыслом.

Относя политическую жизнь к области сохранения, Бонхёффер стремился найти опосредующий путь между этими двумя неадекватными теологическими взглядами на политику. По одну сторону — сосредоточенность на творении, неспособная принять в расчет падший характер этого творения, по другую — сосредоточенность на избавлении, игнорирующая важность сохранения. В разных своих сочинениях Бонхёффер называет эти позиции по-разному. Например, в «Этике» первую позицию он называет «компромиссной», а вторую — «радикальной» [Бонхёффер 2016: 137]. Придерживающиеся компромиссной позиции рассматривают политический порядок как безгрешное творение, тогда как сторонники радикальной рассматривают евангельскую весть об избавлении как осуждение всех существующих (по своей сути греховных) политических порядков. Ни в том ни в другом случае творение и избавление не опосредуются сохранением.

Поместить мысль Бонхёффера между псевдолютеранством (или компромиссом) и энтузиазмом (или радикализмом) — значит отнести ее к лютеранской традиции, которая в контексте политических и гражданских дебатов определяет себя через оппозицию к римскому католицизму и радикальным реформаторам. Мы уже видели, что серединная позиция Бонхёффера была лютеранской постольку, поскольку акцент на сохранении вытекает из лютеранской логики оправдания и различия между законом и Евангелием. Чтобы сохранить эту золотую середину, ему, естественно, необходимо было доказывать, что многие его современники-лютеране на самом деле были псевдолютеранами, что он и делал на протяжении своего многогранного и непрерывного богословского пути. Он представлял своих современников-лютеран как криптокатоликов, и это позволяло ему утверждать, что сам он занимает традиционно лютеранскую позицию, располагающуюся между римским католицизмом и Радикальной реформацией.

Тот *факт*, что он занимал эту серединную позицию, полемически оттесняя при этом псевдолютеран, указывает на лютеранскую направленность его мышления. Этот вывод можно подтвердить, если взглянуть на те *концепции*, которые он использует для удержания этой золотой середины, а именно на концепции «двух царств» и «порядков», центральные для лютеранского политического мышления. Если, согласно Бонхёфферу, сохранение — это контекст всякой политической жизни, то два царства и порядка — это структуры, которые ее формируют[1].

---

[1] Размещая политическую позицию Бонхёффера между «компромиссом и радикализмом», я рассматриваю только те «компромиссные» и «радикальные» теолого-политические взгляды, которые существовали во времена

Структуры политической жизни: царства и порядки

Царства и порядки у Лютера

Идея «двух царств» — духовного и светского, или мирского, — часто считается центральной для лютеранской социальной этики и политической теологии. Исследования, посвященные этой запутанной идее двух царств и сложной истории ее возникновения, занимают множество библиотечных полок. Для целей настоящей книги я воспользуюсь формулировкой датского исследователя Свенда Андерсена, которая кажется мне наиболее удачной:

> ...различие между духовным и мирским [царством] — это различие между двумя божественными проектами относительно человеческого мира. Духовный проект — это проект спасения и животворящей веры, который свершается прежде всего через евангельское провозвестие. <...> В противоположность ему, мирской проект — это проект управления греховным миром посредством меча, то есть проект политической и юридической власти [Andersen 2013: 112].

Эти два царства являются отражением двойственной божественной деятельности, направленной одновременно на сохранение и избавление: Бог созидает сохранение в мирском царстве — посредством закона и власти, тогда как избавление Он созидает в духовном царстве, через проповедь Евангелия.

Различие этих двух царств связано с тем, что сегодня мы относим к вопросу о различии между Церковью и государством,

---

Лютера и Бонхёффера. В наш анализ можно было бы включить и текущие политические дискуссии, в которых продолжают фигурировать позиции, отталкивающиеся от идеи естественного закона или радикализма. Однако из-за объема данной книги я вынужден был их исключить. Я также по большей части не касаюсь предшествующих интерпретаций политической мысли Бонхёффера. Тем не менее эту книгу можно считать попыткой скорректировать «радикалистскую» интерпретацию его мысли. Как я утверждал в другом месте, ее зачастую интерпретировали как более «радикальную» (в его понимании данного термина), чем она есть на самом деле. См. об этом в [DeJonge 2016], а более подробное обоснование в [DeJonge 2017].

однако к нему не сводится (подробнее о Церкви и государстве см. главу четвертую). Светское царство ассоциируется с политической властью, или государством, поскольку Бог вверяет ей важные задачи, связанные с делом сохранения, например задачу поддерживания относительной справедливости, которая реализуется путем установления и обеспечения закона. Духовное царство ассоциируется с Церковью, поскольку Бог вверил ей задачу проповедовать Евангелие избавления. Однако различие этих двух царств нельзя свести к доктрине о государстве и Церкви, поскольку государство не является единственной сущностью, исполняющей задачу сохранения в мирском царстве (еще одной такой сущностью является семья), а Церковь как институт располагается не только в духовном царстве, но и в светском. По этим причинам было бы лучше связывать эти два царства не с государством и Церковью самими по себе, а с двумя действиями Бога — сохранснисм и избавлснисм, осуществлснию которых государство и Церковь способствуют.

Лютер, как правило, подчеркивал различие между двумя царствами, когда ему было необходимо провести различие между сохраняющим и избавляющим действиями Бога. Так что он прибегал к доктрине двух царств, когда считал необходимым напомнить политическим властям, к примеру, о том, что им следовало бы больше заниматься правлением, нежели вмешиваться в доктринальные споры, или же когда хотел напомнить епископам, что их наиболее прямой задачей является проповедь Евангелия, а не решение вопросов налоговой политики. Утверждение о том, что доктрина о двух царствах служила Лютеру для такого критического различения, не подразумевает, конечно же, что эти царства жестко отделены друг от друга. Два царства, как закон и Евангелие, разделены, однако именно это разделение позволяет им действовать совместно.

Когда Лютер хотел не проводить критическое различие, а позитивно выразить осуществляемый в мире божественный труд, он чаще прибегал к различию порядков — теме, ставшей одной из центральных для лютеранской социальной мысли [Bayer 2008: 324]. Хотя сам Лютер говорил об этом различии порядков во множестве мест и используя различную терминологию, он всегда различал именно три порядка: Церковь, государство и домохозяйство (куда входят семья, экономическая деятельность и воспитание). Для Лютера они были «основополагающими формами жизни, которые Бог предпослал человеку» [Ibid.: 127]. Порядки отражают структуру, которую Бог придал мирской реальности. Свое призвание люди реализуют внутри конкретных обстоятельств и отношений. И когда у Лютера спрашивали житейского совета, он часто указывал на порядки, с помощью которых Бог структурирует совместную жизнь людей. Когда Лютер обсуждал вопросы социальной этики, он, в зависимости от конкретного рассматриваемого предмета, обращался или к идее двух царств, или к идее трех порядков, или к обеим одновременно. «Царства» и «порядки» стали ключевыми категориями, с помощью которых в лютеранской традиции рассуждалось о том, как людям следует жить в мире, учитывая двойственную деятельность Бога.

Идея царств и порядков способна стать таким руководством именно потому, что позволяет проводить различия. Учение о двух царствах сообщает нам, что задачи государства и Церкви различны. Учение о порядках, в свою очередь, сообщает нам о различии роли родителя в порядке семьи и роли священника в порядке Церкви. Однако смысл царств и порядков исчезает, если мы упускаем их взаимосвязь. Два царства соединены в деятельности единого Бога, так же как христианин проживает единую жизнь внутри двух царств. Точно так же, человек, исполняющий роль родителя в семье, может одновременно исполнять роль священника в Церкви. Речь идет не об изолированных секторах жизни, а о сети отношений в мире, который милостиво сохраняется Богом.

«Псевдолютеранское» извращение идеи царств и порядков

Именно эту взаимосвязь царств и порядков, согласно Бонхёферу, и упускали из виду его современники. По ряду политических и теоретических причин в конце XIX и начале XX века различие царств все больше понималось в свете двух взаимосвязанных идей — автономии и дуализма. Согласно такому пониманию, два царства автономны друг от друга, то есть духовное и мирское царства подчиняются радикально отличным друг от друга нормам и ценностям. Можно, например, сказать, что мирское царство следует морали «око за око», тогда как духовное — морали «подставь другую щеку». Если принять такую идею автономии, то два царства окажутся строго отделены друг от друга, то есть между ними будет дихотомия или дуализм. С точки зрения Лютера, жить в двух царствах — значит всюду сталкиваться с противоречиями греховного мира, который Бог сохраняет ради последующего избавления. Но согласно этой новой, дуалистической точке зрения, в воскресенье утром христианин следует этике любви, а в утро понедельника меняет ее на волчьи законы бизнеса и политики. Такая же интерпретация распространяется и на различие порядков. В разных порядках якобы действуют радикально различные этические нормы, сами же порядки рассматриваются не как сложная сеть отношений, а как изолированные друг от друга секторы жизни.

Именно эта тенденция проводить радикальное различие между отдельными царствами и порядками характеризует то, что Бонхёффер называл псевдолютеранством. Вспомним псевдолютеранский аргумент в пользу войны, основанный на идее *Volk* как части порядка творения. Он имел бы силу, только если бы любовь к ближнему ограничивалась духовным царством или церковным и домашним порядками. «Любовь к ближнему хороша и заслуживает похвалы, если дело касается церковной и домашней жизни», утверждает этот аргумент, «но мы говорим о политике, и здесь сила рождает право». Евангельское послание здесь попросту отбрасывают в сторону, поскольку оно неприменимо к политической жизни. Как справедливо замечает Бонхёффер, такое мышление — не лютеранское, а *псевдолютеранское*. Как мы покажем на конкретных примерах, особенно в главах с пятой по седьмую, Бонхёффер считал, что хотя подлинно лютеранское мышление и требует различать сохраняющее действие Бога в политической области и Его избавительное действие в области церковной, оно также требует соединять политическую деятельность и церковное провозвестие как два связанных друг с другом способа христианского служения единому Богу, который ведет все творение к избавлению. Псевдолютеранство не вдается в эти теологические и политические тонкости, прямолинейно закрепляя одни нормы за одной сферой, а другие — за другой. Другими словами, в псевдолютеранском политическом мышлении утрачивается подлинно лютеранское понимание закона и Евангелия, сохранения и избавления, мирского и духовного царств как различия-в-единстве. Место этого различия-в-единстве занимает простое разделение. Одновременно теряется понимание политических следствий Евангелия.

Восстановление подлинного лютеранства

Псевдолютеранство всегда выступало у Бонхёффера антагонистом в его теологических размышлениях о политике. Конечно, он мог уступить лютеранскую традицию этому псевдолютеранству и доказывать свои тезисы исходя из другой позиции. Точно так же он мог отказаться от идей двух царств или порядков, признав, что они безнадежно извращены. Однако он отказался уступать, называя своих оппонентов псевдолютеранами и отстаивая свое право на ношение мантии подлинного лютеранства. Это потребовало восстановить то, что он считал подлинно лютеранским пониманием царств и порядков.

С того момента, как Бонхёффер стал всерьез размышлять о теолого-политических вопросах, он последовательно придерживался идеи двух царств. Со времени его первых политических размышлений, то есть с 1932–1933 годов, и вплоть до его незавершенной «Этики» (1941–1943) его интерпретация двух царств оставалась по большей части неизменной. Если мы хотим хоть сколько-нибудь понять политические тексты Бонхёффера, его идею двух царств необходимо рассматривать как часть более целостной структуры его политического мышления[2].

В той версии идеи двух царств, которой придерживается Бонхёффер, Церковь и государство — главные институты мирского и духовного царств — сохраняют относительную автоно-

---

[2] Подробное доказательство этого см. в [DeJonge 2017].

мию. Они пользуются относительной автономией в том смысле, что Церковь обыкновенно не должна мешать государству исполнять свои обязанности и задачи, и наоборот. Но это не та автономия двух царств, на которой настаивает псевдолютеранство и где мирское царство обладает автономией не только по отношению к Церкви, но и по отношению к Богу, правящему через Христа. Согласно псевдолютеранской интерпретации, реальность разделена на две отдельные сферы и Бог правит лишь в одной из них, духовной. Мирская сфера вольна опираться на собственные правила и нормы, проистекающие из естественного закона или из порядков творения. Подход Бонхёффера, напротив, предполагает, что два различных царства тем не менее связаны между собой единым Богом, правящим ими обоими через Христа. Как и для Лютера, но не для псевдолютеран, для Бонхёффера эти два царства представляют собой различие-в-единстве.

Важно, что предпринятое Бонхёффером восстановление подлинно лютеранского понимания двух царств потенциально позволяет Церкви оказывать государству сопротивление. Послание и влияние Церкви не ограничены сферой духовного царства, как в псевдолютеранстве, для которого в мирском царстве государство оказывается предоставленным самому себе. Скорее, изнутри духовного царства Церковь провозглашает слово Божье, которое, будучи словом единого Бога, управляющего обоими царствами, обращено также и к царству мирскому. Теперь мы начинаем понимать, почему идея двух царств оказалась важна для сопротивления Бонхёффера. Различие двух царств структурирует и ограничивает формы церковного сопротивления государству. Восстанавливая учение о двух взаимосвязанных царствах, он прежде всего расчищал пространство для церковного сопротивления. Подробнее мы поговорим об этом в главах с четвертой по седьмую.

Аналогичным образом Бонхёффер восстанавливает и идею порядков. Он размышляет о порядках на протяжении всего своего богословского пути, причем его размышления можно разделить на три этапа — в зависимости от используемой им на том или ином этапе терминологии. На протяжении первого этапа Бонхёффер использует термин «порядки творения». Характерным выражением идей этого раннего этапа является лекция 1928 года «Базовые вопросы христианской этики», в которой он размышляет над двумя подходами к этике войны. По одну сторону — уже известный нам подход, который мы назвали *псевдолютеранством и для которого идея Volk, понятого как часть порядка творения*, служит обоснованием военной агрессии. По другую — позиция, основывающаяся на Нагорной проповеди и поддерживающая противоположный тип этики, любовь к врагу. Бонхёффер считает несостоятельными обе позиции, поскольку все они покоятся на универсальных этических принципах: в первом случае — на принципе борьбы народов, во втором — на принципе ненасилия. Этические системы, основанные на некоем едином принципе, он считает разновидностью этического «законничества». Этические решения не должны приниматься на основании вневременных принципов, поскольку всегда имеют место в рамках конкретной ситуации. Этот аргумент Бонхёффер повторяет на протяжении всего своего творчества. Этические дилеммы он зачастую рассматривает как столкновение вневременных принципов, а затем настаивает на необходимости конкретного, привязанного ко времени решения.

То, что далее в этой лекции делает Бонхёффер, не выйдет за пределы первого этапа его размышлений о порядках. Сказав, что конкретное этическое решение не может покоиться на этических универсалиях, Бонхёффер, переходя затем к конкретной ситуации войны, тем не менее снова и снова разрешает дилемму между любовью к врагу и войной за свой *Volk* в пользу последней. «Однако это было бы полное извращение этического чувства, если бы я решил, что моя первейшая обязанность — любить врага, а ближнего ради этой любви к врагу можно в буквальном смысле принести в жертву». Таким образом, опираясь на идею народа как части порядка творения, Бонхёффер оправдывает даже наступательную войну и говорит, что «любовь к моему народу освятит убийство, освятит войну» [Бонхёффер 2024в: 41–43]. Критикуя одновременно и идею *Volk* как части творения, и Нагорную проповедь как недостаточно точное руководство к моральному действию, Бонхёффер в этой ранней лекции, рассуждая о конкретном решении, тем не менее опирается на логику *Volk*. Таким образом, на раннем этапе Бонхёффер использует аргументы, которые он позже отвергнет как псевдолютеранские.

Критическую дистанцию по отношению к псевдолютеранской трактовке порядков он начнет соблюдать на втором этапе, начиная с 1932–1933 годов. Идея порядка творения, которую Бонхёффер разделял на первом этапе, берет творение в его исходном состоянии, где неиспорченное творение и эпистемологически неиспорченная тварь познают божественную волю непосредственно через творение. Такая перспектива характерна для псевдолютеранской теологической политики, акцентирующей творение. Ключевая идея, стоящая за критикой концепции порядков творения, — это идея о различии двух состояний творения, исходного и падшего. Из-за совершенного греха попытка выявить божественную волю непосредственно из творения приводит лишь к самооправданию. Бонхёффер приходит к осознанию, что «опасность этого аргумента [основанного на порядках творения] состоит главным образом в том, что с его помощью можно оправдать что угодно» [11: 363]. Бонхёффер полагает, что если мы всерьез принимаем грехопадение, то мы должны отбросить идею «порядков творения».

Он делает вывод, что всякое санкционированное Богом мировое устройство — всякий порядок в лютеранском смысле — следует называть не порядком творения, но порядком сохранения. Если идея порядка творения предполагает, что рассматриваемый порядок правомочен сам по себе, то идея порядка сохранения предполагает, что свою правомочность он черпает в избавительном труде Бога, свершающемся через Евангелие. Другими словами, в первом случае порядок поддерживает существующий мир в его изначальной благости, в какой он и был сотворен, тогда как во втором порядок сохраняет сотворенный, но падший мир, не давая ему обрушиться в абсолютный хаос и тем самым оставляя ему возможность для избавления. Таким образом, теперь порядок соотносится у Бонхёффера не с творением, а с сохранением, смысл которого реализуется в избавлении (см., напр., [3: 139–140; 11: 267–268, 351–355]).

Переходя к идее порядков сохранения, Бонхёффер порывает с ранее им занимаемой позицией, которую теперь он называет псевдолютеранской. Наиболее важное следствие этого поворота состоит в том — как было в случае восстановления подлинного учения о двух царствах — что порядки, которые в противном случае были бы строго разделены, теперь оказываются сопряжены друг с другом. Мы больше не можем познавать божественную волю, непосредственно наблюдая за естественными процессами, например за борьбой народов. Все, что мы могли бы вывести из наблюдения за природой, должно пройти через логику церковного знания об этой природе, а именно знания о том, что падшее творение сохраняется с целью его последующего избавления. Предмет нашего долга нельзя вывести из наблюдения за вещами такими, какими они нам являются, вне Христа. Он познается лишь в свете того, что мы знаем о действительности в состоянии сохранения, и того, чем она будет в избавлении.

Третий этап рефлексии Бонхёффера о лютеранской концепции порядков отмечен переходом от идеи «порядков сохранения» к идее «мандатов». В разделе «Этики» (1943) под названием «Конкретная заповедь и Божьи наказы-поручения»[3] Бонхёффер обращается к ряду более традиционных терминов для описания порядков, прежде чем отбросить каждый из них, поскольку они допускают ложные прочтения. Так что, за неимением лучшего слова, — пишет Бонхёффер, — мы остаемся при понятии "наказ/поручение/полномочие" (Mandat), но все-таки — с целью через прояснение самого предмета способствовать обновлению и новому обретению старых понятий "порядок/чин (Ordnung) и должность (Amt)"» [Бонхёффер 2016: 410]. Понятие мандата,

---

3 В немецком оригинале — термин Mandat, который в русском издании «Этики» переводится как «наказ-поручение» (иногда только «наказ» или «полномочие»). Несмотря на то что «наказ-поручение» в большинстве случаев хорошо передает оригинал, в ряде других случаев пользоваться им затруднительно, например там, где Mandat приобретает территориальное значение, где он соответствует не просто поручению, данному государству или Церкви, но территории, на которой они это поручение исполняют. По этой причине мы предпочли переводить «калькой». Там, где мы упоминаем название главы о «мандатах», русский перевод мы не меняем. — *Примеч. пер.*

или наказа-поручения, становится ключевой характеристикой третьего этапа его постоянных размышлений о концепции порядков, целью которых было ее обновление и переосмысление.

Переход к понятию мандата менее драматичен с концептуальной точки зрения, чем предыдущий переход к идее порядков сохранения. Вводя понятие мандата, он отбрасывает понятие порядка, поскольку

> ...ему присуща опасность направлять более пристальный взгляд на существующее состояние порядка, чем на то его состояние, которое основывается лишь божественным уполномочиванием, легитимацией, санкционированием, а эта опасность слишком легко влечет за собой идею о божественной санкционированности всякого вообще существующего порядка... [Там же: 409].

Поскольку предшествующее понятие «порядков сохранения» было призвано оспорить допущение, будто всякое текущее положение вещей санкционировано Богом, переход к понятию мандата во многом являлся расширением более ранней критики Бонхёффером порядков творения. И на втором этапе, с его понятием порядков сохранения, и на третьем, с введением понятия мандата, цель Бонхёффера состояла в том, чтобы противостоять псевдолютеранскому освящению сфер реальности. Он считал, что подобное освящение происходит как в учении о двух царствах, так и в учении о порядках.

Для его политической мысли решающее значение имел отказ от идеи порядков творения в пользу идеи порядков сохранения, произошедший в 1932–1933 годах. Этот переход случился тогда же, когда он впервые начал осмысливать лютеранскую теорию двух взаимосвязанных царств. Тогда же он всерьез начал обращаться к вопросам политики, поводом для чего стал приход к власти нацистов. Бонхёффер начинает погружаться в вопросы политики в связи с подъемом нацизма, и к этому моменту у него уже появляется такая теория царств и порядков, которая позволит ему теоретически артикулировать стратегии сопротивления Третьему рейху.

Глава 4
Церковь и государство

Анализ идей царств и порядков в контексте политической жизни, предпринятый в третьей главе, естественным образом приводит к теме настоящей главы — теме Церкви, государства и их отношений. В самом деле, государство и Церковь можно рассмотреть в свете названных понятий следующим образом. Государство (или, скорее, политическая власть вообще) — это один из порядков, с помощью которых Бог структурирует мир. Оно — важный актор мирского царства, где Бог поручает ему сохранять мир посредством закона. Церковь, поскольку она является одним из учреждений, существующих в этом мире, — тоже один из этих порядков [Там же: 404]. Однако по своей сущности она является также агентом духовного царства и хранительницей избавительного Слова Божьего в мире. Темы сохранения и избавления, царств и порядков находят свое конкретное выражение в теме Церкви, государства и их отношений.

В 1932 году Бонхёффер прочел лекционный курс «О сущности Церкви». Благодаря конспектам его студентов сохранился отрывок, где кратко представлен его взгляд на отношения Церкви и государства.

> Слово Божье властвует также и над государством. Поэтому государство служит для Церкви критическим напоминанием, что Бог не дал ей судящий меч власти. Ее меч — это слово и молитва. Тем самым она служит государству. <...> Она не будет стремиться к власти над государством. Ее цель — возвещение, в вере и в Слове, власти Христа над

всем миром. Церковь и государство существуют бок о бок. Церковь не должна превращаться в государство. Государство признается как автономная мирская власть. И Церковь, и государство призваны к абсолютно ответственному, истинному действию, соответствующему их функциям. Государству следует повиноваться лишь до тех пор, пока оно не угрожает Слову. В противном случае границу придется восстанавливать в борьбе! При устроении нашего будущего государства будет необходимо принять сложное решение: функция государства не является ни христианской, ни безбожной. Она должна исполняться ответственно и беспристрастно. Существование Церкви зависит от того, проистекает ли ее критика исключительно из слышания Евангелия. Государство с необходимостью подлежит критике, когда оно угрожает Слову. Церковь способна преодолеть трудности, лишь если она полностью вверяет себя Слову *Christus praesens* как Слову своего Господа [11: 332].

Благодаря находке этого фрагмента мы получаем ясное представление о том, как Бонхёффер понимал Церковь и государство.

Церковь и Слово

Начнем с определения Церкви. Как говорит Бонхёффер, «цель [Церкви] — возвещение о том, что Христос есть Господь всего мира». Средства, находящиеся в распоряжении Церкви, — это «Слово и молитва» [Там же]. Следовательно, Церковь определяется через возвещение Слова[1]. Чем бы еще ни была Церковь, ее сущность — то, что делает церковь Церковью, — это проповедь Евангелия, и Церковь исполняют эту определяющую для себя задачу ненасильственными средствами: Словом и молитвой.

---

[1] Под «возвещением Слова» я имею в виду всю ту деятельность, которая соответствует церковной должности проповеди и наставления. Сюда относится проповедь с кафедры воскресным утром, но также и любые другие формы наставления, которые осуществляет Церковь, располагая авторитетом Слова, включая обучение богословию, издание деклараций, символов веры и т. п. Такие фразы, как «возвещение Слова» и «проповедь Евангелия», выступают здесь аббревиатурой всех этих видов деятельности.

Далее в этом отрывке Бонхёффер говорит, что Церковь «полностью покоится на слове *Christus praesens* как Слове своего Господа» [Там же]. Идея присутствия Христа является для его понимания Церкви центральной. Согласно Бонхёфферу, после вознесения Христос пребывает на Земле в Церкви, Он *и есть* церковная община [12: 323]. Определяя Церковь через Слово, Бонхёффер также определяет ее как присутствие Христа.

Эти два определения Церкви — через проповедуемое Слово и через присутствие Христа — в действительности сводятся к одному и тому же. Доктрина воплощения утверждает, что божественное Слово воплощено в личности Христа: Христос *и есть* божественное Слово [Там же: 302]. Добавим к этому главную мысль предыдущего абзаца, то есть что Христос, будучи божественным Словом, связал себя с Церковью. Отсюда следует, что эти два утверждения — что Церковь есть Христос и что Церковь проповедует Слово Божье — нераздельно связаны друг с другом. Церковь проповедует Слово, поскольку является присутствием Христа в мире, и Церковь является присутствием Христа, поскольку проповедует Слово. Бонхёффер проговаривает эти мысли, например, в своих «Лекциях о гомилетике», где заявляет следующее: «Слово проповеди — это воплощенный Христос. Воплощенный Христос есть Бог. Следовательно, проповедь на самом деле есть Христос. Бог *как* человек. Христос *как* Слово. Как Слово Христос ступает через церковную общину» [14: 510].

Эти идеи имеют грандиозные следствия для сопротивленческой мысли Бонхёффера. Чтобы их проследить, давайте вернемся к первой главе и вспомним, что Бонхёффер говорит о божественном Слове. Первое, что нам здесь важно, это то, что для Бонхёффера божественное Слово является основополагающей реальностью. Мир — все, что мы знаем и имеем в опыте, — имеет свои исток и бытие в божественном Слове. Второй важный для нас момент — это то, что как таковое это Слово кардинально отлично от обыкновенных человеческих слов. В отличие от наших слов, которые неуклюже пытаются отразить и сформировать реальность, божественное Слово *и есть* реальность. Когда Бог говорит: «Да будет свет», настает свет — без вопросов, промедления, какого-либо каузального процесса. Когда Бог говорит: «Да будет свет», Он не говорит (как это делаем мы, когда произносим те же слова): «Я намереваюсь включить свет, при этом предполагая, что я могу это сделать, и в надежде, что все пойдет по плану...» Когда Бог говорит: «Да будет свет», свет просто настает. Так Бонхёффер понимает божественное Слово — как абсолютное творящее слово.

Примечательно, что когда Бонхёффер описывает церковную проповедь как Слово Божье в силу присутствия Христа (который есть Слово Божье), он приписывает те же самые божественные свойства церковному провозвестию. Церковная проповедь, по благодати и присутствию Христа, возвышается над обыкновенными человеческими словами, приобретая свойства божественной речи. Бонхёффер призывает нас полностью переосмыслить церковное провозвестие. «Слово проповеди не является неким подвидом рода "слово", верно как раз обратное. Все слова — это подвид одного, исходного Слова Божьего, которое сотворило мир и его поддерживает. Мы должны научиться понимать проповедь именно так» [Там же: 513–514 n. 107]. Если мы хотим правильно понять церковное провозвестие, утверждает Бонхёффер, мы должны связывать его не с нашими обыденными словами, всегда не адекватными реальности, но с исходным творящим Словом Божьим, которое претворяет реальность в бытие. Когда в своем провозвестии Церковь говорит, например, «твои грехи прощены», твои грехи действительно прощаются.

На таком поразительном понимании церковного провозвестия Бонхёффер и выстраивает свою сопротивленческую мысль. Наиболее могущественной формой политического сопротивления для него является не некое действие в обыденном понимании этого слова, идет ли речь о действии, принимающем мягкие формы ненасильственного гражданского неповиновения или радикальные формы насильственного государственного переворота. Скорее, наиболее могущественной формой политического сопротивления являются слова, хотя слова особые, такие, которые парадоксальным образом сами по себе являются в полной мере основополагающим действием. Таково Слово Божье, доверенное

Церкви. Оно находится в центре сопротивленческой мысли и сопротивленческой практики Бонхёффера. Когда Бонхёффер защищает или сам осуществляет какую-либо иную форму сопротивления, он ставит ее на службу этой высшей форме сопротивления. Поскольку слово есть высшая форма сопротивления, Церковь оказывается наиболее значимым агентом сопротивления. Как мы увидим в главах с пятой по седьмую, Бонхёффер приписывает важную роль в деле сопротивления отдельным людям и гуманитарным организациям, однако центральным агентом сопротивления в его теории сопротивления выступает Церковь.

Поскольку в сопротивленческой мысли Бонхёффера и его политической мысли вообще Церкви отводится столь почетное место, роль государства следует понимать с этой точки зрения. Государство следует расположить относительно церковного провозвестия. Это подразумевает, что мы должны проанализировать отдельные элементы этого провозвестия, что, в свою очередь, заставляет нас снова обратиться к теме закона и Евангелия, рассмотренной во второй главе, но теперь нам нужно связать ее с темой Церкви и государства.

Возвращение к вопросу о законе и Евангелии

Размышляя о политических взглядах Бонхёффера, мы столкнулись с сериями парных терминов — закон и Евангелие, сохранение и избавление, государство и Церковь — которые как будто указывают на прямую связь между законом и государством, Церковью и Евангелием. Однако, как показано во второй главе, это было бы слишком просто: ведь Церковь может проповедовать Евангелие, только если она также проповедует и закон. Так, например, Евангелие не может быть воспринято как свободный дар, каковым оно является, если до этого не проповедовался закон в его теологическом аспекте. Так что хотя предлагаемое Бонхёффером толкование государства и Церкви и можно спроецировать на различие закона и Евангелия, сперва мы должны точнее понять отношения между «законом и Евангелием» и «государством и Церковью».

В качестве первого шага нам необходимо разобраться с двойственным смыслом слова «Евангелие». В лютеранской традиции вообще и в теологии Бонхёффера в частности Евангелие имеет узкое и широкое значение. Когда мы противопоставляем Евангелие закону, мы понимаем его в узком смысле. В этом случае оно означает весть об оправдании, провозвестие о прощении грехов. Под Евангелием здесь понимается лишь один из членов пары церковного провозвестия закона-и-Евангелия. В широком же значении Евангелие означает все церковное провозвестие, куда входят и провозвестие закона, призывающее к покаянию, и прощение грехов, которое соответствует Евангелию в узком смысле [Haemig 2000: 172 n. 6]. Термин «Евангелие» оказывается двойственным, поскольку в одних случаях он означает все церковное послание, в других — только его часть.

Когда Бонхёффер определяет Церковь через Евангелие, следует помнить сразу о двух значениях этого слова, узком и широком. Церковь проповедует Евангелие в узком значении, когда несет весть о том, что грешник оправдан верой через милостивый труд Бога во Христе. Однако проповедь Евангелия в узком смысле также требует проповеди закона в его теологическом аспекте: грешники только тогда признают и примут милостивый труд Христа, когда отчаются самостоятельно исполнить закон. Следовательно, помимо проповеди Евангелия в узком смысле и закона в его теологическом аспекте, Церковь также проповедует закон в аспекте сдерживания греха. Когда Церковь учит: «не прелюбодействуй», речь идет не о том, что если мы будем хранить целомудрие, то удостоимся Царства Божьего (это было бы *ложным* применением закона, отвергнутым доктриной об оправдании), и не только о том, что мы никогда не сможем исполнить этот закон в радикальном его смысле — то есть никогда не возжелаем никого в своем сердце (закон в его теологическом аспекте), но также и о сдерживании греха, то есть о том, чтобы семьи и общины не распадались из-за измен. И наконец, и проповедь Евангелия в узком смысле, и закон в его теологическом аспекте, и закон в аспекте сдерживания греха соответствуют Евангелию в широком смысле, то есть церковному провозвестию во всей ее

Государство

Церковь
Слово Божье/Евангелие

закон   Евангелие

политическое   функция   духовное
применение   сдерживания греха   применение

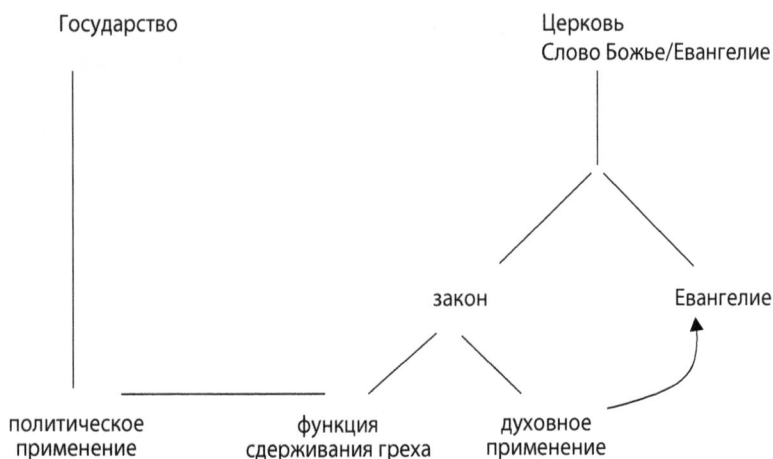

Рис. 4.1. Государство и Церковь

полноте. Весь этот комплекс значений содержится в церковном провозвестии. (Вспомните рисунок 2.1 из второй главы.)

Приведенный рисунок позволяет понять позицию государства в отношении церковного провозвестия (рис. 4.1). Задачей государства является политическое правление, определяющееся обеспечением закона в аспекте сдерживания греха. Эта функция закона исполняется во всех традиционных лютеранских порядках, поскольку сдерживание греха проповедуется в порядке Церкви, а родительская дисциплина сдерживает греховные импульсы детей в порядке семьи. Однако специфически политический смысл (use) эта функция получает только в порядке государства, который поддерживает порядок и справедливость в обществе через установление и обеспечение закона, что, в свою очередь, требует принуждения и иногда даже насилия.

Как говорит Бонхёффер в лекционном курсе «О сущности Церкви», государству поручена «судящая власть меча». Он рассуждает об этом в более поздней статье «Государство и Церковь», где пишет следующее:

Задача государства — служить Христовой власти на Земле посредством мирской власти меча и закона. Государство служит Христу постольку, поскольку устанавливает и сохраняет внешнюю праведность, применяя данный ему и только ему меч вместо Бога. Этим оно исполняет не только негативную задачу наказания нечестивых, но и позитивную задачу поощрения добрых и благочестивых (1 Пет. 2: 14). Ему даны, с одной стороны, юридическая власть, а с другой, право научать добру, то есть внешней справедливости [16: 514–515].

Задача государства состоит, следовательно, в распространении «предпоследней» благости и справедливости посредством закона и меча. Таково политическое применение закона[2].

Важно, что политическое применение закона можно рассматривать из двух перспектив, и это можно продемонстрировать, проанализировав следующий фрагмент из «Государства и Церкви»:

Благо состоит в наличии пространства для осуществления конечной цели — служения Иисусу Христу — внутри каждого действия государства. Речь идет не о каком-то специфически христианском действии государства, но о таком его действии, которое не исключает Иисуса Христа. Государство осуществляет такое действие, когда в качестве мерила в любой данной исторической ситуации при принятии любого решения оно принимает содержание второй

---

[2] Следуя терминологии, принятой во второй главе, я использую выражение «политическое применение закона» в более узком смысле, чем это принято обычно. Зачастую под политическим применением закона понимается функция сдерживания греха посредством закона. Я же понимаю функцию сдерживания греха посредством закона в более широком смысле, согласно которому более узко понятое выполнение этой функции принадлежит государству, то есть соответствует политическому применению. Делаю я это потому, что в последнее десятилетие значение понятия «политического» стало гораздо шире, а потому есть необходимость в том, чтобы сузить диапазон значений этого термина в соответствии с тем, как он понимался Бонхёффером. Более подробно эта проблема будет рассмотрена в шестой главе.

скрижали. Но как оно узнает об этом содержании? Во-первых, из церковной проповеди. Однако если государство является безбожным, на помощь приходит провиденциальное соответствие содержания второй скрижали и закона, присущего самой исторической жизни [Там же: 515].

Государство действует хорошо тогда, когда сохраняет мир для Христа. Это происходит в случае, когда государство применяет вторую скрижаль закона (то есть политическое содержание Декалога) в соответствии с наличными обстоятельствами. Но как государство может познать содержание второй скрижали? Бонхёффер указывает на две возможности. Первая — через слушание церковной проповеди, поскольку Церковь также проповедует закон в аспекте сдерживания греха, что является частью ее провозвестия. Однако государство не обязательно познает закон через провозвестие, поскольку «существует провиденциальное соответствие между содержанием второй скрижали и законом, присущим самой исторической жизни». Следовательно, есть два способа указать на содержание закона, релевантное для государства и его мандата. Во-первых, через вторую скрижаль Декалога, богооткровенный закон, призванный вносить в общество порядок. Во-вторых, через «закон, присущий самой исторической жизни» [Там же], который традиционно называют естественным. Провидение устроило так, что содержание второй скрижали Декалога и содержание естественного закона совпадают.

То же самое Бонхёффер говорит и в «Этике» (в главе «Естественная жизнь»). Ту же проблему он анализирует здесь в категориях формы и содержания «естественного». Поскольку он применяет термин «естественное» к христоцентричному восстановлению традиции естественного закона, он включает сюда также политическое применение закона. Он пишет, что, с одной стороны, естественное может быть понято формально. В этом случае естественное понимается как «оставленная Богом падшему миру форма жизни, которая устремлена к Христову оправданию, спасению и обновлению» [Бонхёффер 2016: 161]. Эту форму естественной жизни можно «постичь лишь через Иисуса Христа»

[Там же. — *Пер. изм.*]. Другими словами, естественное, которое включает закон в его политическом применении, может быть понято, с одной стороны, из перспективы откровения, или веры во Христа, где закон выступает средством, с помощью которого Бог сохраняет мир ради его последующего избавления. С другой стороны, естественное может быть понято через его содержание: «С этой содержательной стороны только разум человека является органом познания естественного». Бонхёффер пишет, что разум ограничен, однако он способен воспринять «данность падшего мира, и при этом исключительно содержательную сторону этой данности» [Там же: 162]. Повторим, знание о законе в его политическом применении, добытое разумом, и то же знание, полученное через откровение, провиденциально совпадают. Глаз разума может воспринять содержание закона, тогда как глаз веры может воспринять одновременно и содержание, и форму, и то, что он есть, и то, чему он служит.

Есть две точки зрения на роль государства, если мыслить его в свете различия государства и Церкви. Первая перспектива, если выразить одну и ту же мысль тремя способами, — это перспектива государства, разума или нехристиан. Государство существует, чтобы упорядочивать общество и устанавливать справедливость, и эту задачу оно выполняет через установление и обеспечение закона. Путеводным маяком для этой деятельности государства служит то, что традиционно называют естественным законом, содержание которого доступно государству и нехристианам — через разум. Бонхёффер считает, что государству не нужны Церковь или откровение, чтобы узнать, например, о том, что убийство беззаконно, и управлять в свете этого знания. Однако, хотя государство и способно познать содержание закона, оно не познает его конечную цель. Здесь требуется другая перспектива, если выразить одну и ту же мысль тремя способами, — перспектива Церкви, веры или христиан. Только благодаря ей мы познаем, что конечной целью того или иного закона (например, запрета на убийство) является не только справедливое общество, но и сохранение мира для избавления во Христе. Точно так же содержание закона в его политическом аспекте можно познать двумя путями и из двух перспектив. Государство знает содержание закона посредством разума, однако ему неведомо назначение закона. Назначение закона познается только в свете Евангелия, понятого в широком смысле, как откровение Бога Церкви, полученное в вере.

Именно на это указывает Бонхёффер, когда в лекционном курсе «О сущности Церкви» утверждает, что государство «не является ни христианским, ни безбожным» [11: 332]. Государству не нужно быть «христианским», поскольку значение для него имеет лишь «ответственное и объективное исполнение» задачи сохранения. Оно способно исполнить этот божественный наказ о сохранении мира с помощью закона, не будучи при этом христианским государством. Государству не нужно быть христианским, ра́вно как государственным деятелям необязательно быть христианами. Другими словами, откровение и вера не являются условиями для хорошего управления государственными делами. Бонхёффер считает, что нехристиане точно так же, как и христиане, могут познать закон и справедливо его исполнять. Государство не становится тем самым «безбожным». Из того, что оно не является христианским, не следует, что оно безбожно, что оно неким фундаментальным образом противостоит интересам христиан или действует против божественной воли. Согласно его трактовке сохранения и избавления как двух разных форм одинаково божественной деятельности, государство не является ни христианским институтом, но антихристианским. Это институт, который сохраняет мир и тем самым исполняет свою роль в божественном плане, хотя порой и непреднамеренно [15: 516].

Такое ви́дение Церкви и государства соответствует рассмотренной нами в третьей главе идее Бонхёффера о том, что два царства суть различие-в-единстве. Из настоящей главы мы узнали, что Бонхёффер проводил четкое различие между Церковью и государством в соответствии с их задачами и средствами. Государство посредством закона сохраняет порядок и относительную справедливость, а Церковь посредством Слова проповедует избавление. Он ясно говорит об этом разделении труда: «Церковь не может стать государством», она «не стремится управлять государством». Оба они призваны к «абсолютно ответственному, истинному действию, каждый согласно своей функции». Однако если бы Бонхёффер поставил здесь точку, его позиция не отличалась бы от позиции псевдолютеран. Однако, указывая на различие государства и Церкви, он затем подчеркивает их единство под властью единого Бога, тем самым отмежевываясь от псевдолютеран. Против псевдолютеран, которые возводят государство и Церковь к кардинально отличным друг от друга властям, он утверждает, что «Слово Божье властно также и над государством». Если они ограничивают церковное послание пределами «религиозной сферы», то Бонхёффер утверждает, что Церковь возвещает «господство Христа над всем миром» [11: 332]. Церковь и государство различаются по своим задачам и средствам, однако действуют бок о бок под началом единого Бога. Такой взгляд на отношения государства и Церкви соответствует представлению о двух царствах как о различии-в-единстве.

В обычных обстоятельствах, считает Бонхёффер, «Церковь и государство действуют бок о бок», в кооперации и при относительной автономии [Там же]. Государство имеет относительную автономию от Церкви, поскольку ему известно содержание закона. Церковь позволяет государству иметь эту автономию, тогда как сама она сосредоточена на провозвестии. Государство и Церковь действуют как партнеры в рамках единого божественного плана, нацеленного на сохранение и избавление. Пока государство, сознательно или нет, действует согласно данному ей божественному мандату, Церкви нет необходимости вмешиваться в его деятельность.

Однако всегда есть опасность, что эта кооперация будет нарушена, поскольку знание, которое государство имеет о законе, хотя и соответствует вверенной ему задаче правления, тем не менее остается частичным. Поскольку государству неизвестно назначение закона, всегда есть опасность, что оно воспользуется им неправильно, то есть ради иных целей, нежели сохранение мира. Оно может возомнить, например, что оно устанавливает и обеспечивает закон ради достижения некоего утопического состояния, своего рода секулярного Царства Божьего на земле. Такое псевдомессианское государство смешивает два царства, выходя за границы своего мандата (мандата сохранения) и посягая на церковный мандат, в который входит провозвестие Евангелия (каковое единственное предвещает Царство Божье).

В такой ситуации лишь Церковь может восстановить надлежащие отношения между мирской властью государства и духовной властью Церкви, поскольку она, если воспользоваться традиционной терминологией, является хранителем различия между законом и Евангелием [Kolb, Wengert 2000: 500]. Лишь Церкви известно Евангелие в широком смысле и, следовательно, назначение закона. Поэтому границу между государством и Церковью последней «придется восстанавливать в борьбе».

За идеей церковного сопротивления стоит то же самое Слово, которое определяет само существование Церкви. Церковь соблюдает относительную автономию государства «только при условии, что государство не угрожает *Слову*». Это же Слово выступает критерием, определяющим момент необходимости сопротивления: «Потребность в критике государства возникает тогда, когда оно угрожает *Слову*». Более того, Слово остается единственным оружием Церкви, даже в ситуации сопротивления. Именно Слово отличает церковное сопротивление от других его форм. *Церковное* сопротивление должно исходить из того же Слова, которое лежит в основании всей церковной жизни: «Существование Церкви зависит от того, проистекает ли ее критика исключительно из слышания Евангелия... Церковь способна преодолеть трудности, лишь если она полностью вверяет себя Слову *Christus praesens* как Слову своего Господа» [11: 332] (курсив мой. — М. Д.).

Таким образом, тот взгляд на государство и Церковь, который формулирует Бонхёффер, оставляет место для сопротивления государству со стороны Церкви. Потенциал для сопротивления заложен в определенной модели отношений государства и Церкви, той, что полностью соответствует пониманию двух царств как единства-в-различии. Такое понимание восстанавливает взаимосвязь двух царств, которая, согласно Бонхёфферу, присутствовала у Лютера, но была утрачена в псевдолютеранстве. Нужно отметить, что даже в ситуации церковного сопротивления, которое отталкивается от взаимосвязи двух царств, различие царств тем не менее сохраняется. Когда мы говорим, как мы это сделали в предыдущем абзаце, что Церковь всецело опирается на Слово *даже в ситуации сопротивления*, мы по-прежнему учитываем различие между духовной и мирской властью. Как говорит Бонхёффер, Церковь «не стремится управлять государством» [Там же]. Вместо этого Церковь стремится восстановить надлежащие отношения между духовной и мирской властью, где государство правит, а Церковь возвещает. Оказывая сопротивление, Церковь стремится восстановить эти два царства. Таким образом, его понимание церковного сопротивления проистекает не из забвения учения о двух царствах, как зачастую это толковали, а как раз из самого этого учения[3].

Далее, потенциал к сопротивлению коренится в такой модели отношений Церкви и государства, которая полностью согласуется с определенной интерпретацией традиционного лютеранского различия между законом и Евангелием, если понимать это различие во всей его сложности. Речь здесь не идет, как в псевдолютеранских теориях, о том, что государство просто устанавливает и исполняет закон, а Церковь просто проповедует Евангелие чистой оправдывающей благодати, так что они никогда не пересекаются. Скорее, закон следует понимать с учетом его различных целей, а Евангелие — с учетом его узкого и широкого смысла. Только так мы достигнем верного понимания отношений Церкви и государства, где Церковь признает за государством его относительную автономию, однако при необходимости готова восстановить правильный порядок отношений мирской и духовной власти.

Бонхёффер в очень сжатой форме излагает эту модель отношений Церкви и государства в своем лекционном курсе «О сущности Церкви», который он прочел в 1932 году, непосредственно перед

---

[3] Подробный анализ модели двух царств, сопротивления Бонхёффера и их анализ см. в главах 3, 4 и 7 [DeJonge 2017].

приходом к власти нацистов. Вскоре он понял, что границу между Церковью и государством «при устроении нашего будущего государства» «придется восстанавливать в борьбе» [Там же]. Эта битва по-настоящему разразилась весной 1933 года, и Бонхёффер публично в нее вступил, опубликовав статью «Церковь перед еврейским вопросом». В этой статье, к которой мы сейчас обратимся, Бонхёффер развивает и применяет теорию церковного сопротивления, изложенную в лекциях «О сущности Церкви».

Глава 5
Начало сопротивления

Ранний этап церковной борьбы

Термин «церковная борьба» (*Kirchenkampf*) применяется к ситуации, в которой оказались христианские церкви в Германии после прихода к власти Гитлера в 1933 году и в которой они продолжали пребывать до конца Второй мировой войны в 1945-м. Историк Мэттью Хокенос сообщает нам, что «церковная борьба имела три взаимосвязанных аспекта» [Hockenos 2004: 15]. Первым аспектом была борьба между двумя группами протестантских церквей, движения «немецких христиан» и Исповедующей церкви. Движение «немецких христиан» (или «немецкие христиане») стремилось к тому, чтобы Протестантская церковь идеологически и организационно влилась в нацистское государство, тогда как Исповедующая церковь, активным членом которой был Бонхёффер, оказывала этому сопротивление. Второй аспект церковной борьбы заключался в церковно-государственном конфликте между Исповедующей церковью и нацистским государством, главным образом относительно сфер влияния. Третий аспект — конфликт между консервативным и радикальным крылом Исповедующей церкви по вопросу о том, насколько активно, широко и публично она должна противостоять «немецким христианам» и нацистскому государству. В этом конфликте Бонхёффер занял сторону радикалов, которые подталкивали Исповедующую церковь к довольно радикальным формам противостояния.

Историческим событием, непосредственно предшествовавшим публичному вступлению Бонхёффера в церковную борьбу, было принятие в апреле 1933 года «арийского параграфа» — законодательного акта, запрещавшего неарийцам (то есть евреям) занимать ряд должностей и состоять в некоторых организациях. «Арийский параграф» не касался непосредственно Церкви, область его применения была ограничена тем, что мы назвали бы секулярной сферой. Тем не менее к этому времени Гитлер уже ясно дал понять, что он хотел распространить свою политику *Gleichschaltung*[1] — то есть принудительного подчинения всех аспектов жизни нацистскому мировоззрению — также и на Церковь. Более того, первый рейхсъезд «немецких христиан», произошедший в апреле 1933 года, продемонстрировал желание многих христиан распространить «арийский параграф» и на церковную жизнь. В зависимости от того, какая версия церковного «арийского параграфа» была бы принята, он либо принуждал христиан еврейского происхождения вступать в специально выделенные для них общины, либо запрещал им церковное служение [Бонхёффер 2024в: 151].

Вскоре после этих событий Бонхёффер опубликовал «Церковь перед еврейским вопросом» — короткую статью, на которую часто ссылались и которая вызвала множество споров. В ней было высказано много интересных мыслей, однако ввиду целей настоящей книги мы обратимся лишь к содержащемуся в ней ответу на вопрос, как следует реагировать на несправедливость со стороны государства. Ответ этот носил систематический характер, был хорошо продуман и дифференцирован. Прочтение этой статьи в свете изложенных нами ранее понятий весьма важно для постижения сопротивленческой мысли Бонхёффера в целом.

---

[1] Уравнивание (*нем.*). Политика национал-социалистического режима, нацеленная на приведение всех сфер жизни в соответствие с нацистской идеологией. — *Примеч. пер.*

Приведем наиболее цитируемый фрагмент:

> Отсюда вытекает три возможности церковного действия по
> отношению к государству. Во-первых (как уже говорилось),
> она вопрошает государство о том, носит ли его действие
> легитимный характер, то есть возлагает на государство
> ответственность за его действия. Во-вторых, она служит
> тем, кто пострадал от действий государства. Церковь без-
> условно обязана служить жертвам любого общественного
> строя, в том числе и тем, кто не принадлежит к христианской
> общине. «Творите добро всем». Этими двумя способами
> (sic!) Церковь служит независимому [от нее] государству
> собственным независимым [от государства] образом, и во
> время правовых реформ Церковь ни в коем случае не имеет
> права от этого отказываться. Третья возможность состоит
> в том, чтобы не только перевязывать раны тех, кто попал
> под колеса [государственной машины], но и самим встав-
> лять палки в эти колеса [Там же: 139].

Как мы говорили во введении, последнее предложение этого
знаменитого фрагмента о «колесе» появляется на первых полосах
газет и украшает протестные плакаты.

Исходя из процитированного фрагмента мы можем предположить, что три перечисленных Бонхёффером типа действий —
возлагать «на государство ответственность за его действия»,
оказывать помощь тем, «кто пострадал от действий государства»,
и «самим вставлять палки в эти колеса» — представляют собой
суть и содержание всех возможностей сопротивления. Однако
в этом фрагменте представлена лишь часть его более широкой
теории сопротивления, которая включает не три, а шесть типов
сопротивления, как я продемонстрирую далее. Даже если обращаться только к статье «Церковь перед еврейским вопросом», мы
увидим, что Бонхёффер предлагает не три, а четыре типа сопро-
тивленческих действий.

Поскольку «Церковь перед еврейским вопросом» — это
центральный текст для первой фазы сопротивления и поскольку в нем сформулировано четыре типа сопротивления, его
интерпретации необходимо посвятить несколько следующих

глав (вплоть до девятой). В этой главе мы представим основных участников, а позже рассмотрим первые два типа сопротивления.

Участники сопротивленческой деятельности

В начале своей статьи «Церковь перед еврейским вопросом» Бонхёффер отмечает, что «арийский параграф» поднимает вопрос о взаимоотношениях Церкви и государства: «Как Церковь оценивает эти действия государства и, исходя из этого, какую задачу ставит перед собой?» Он делает предварительное замечание, что ответ может быть дан «лишь исходя из правильного понимания того, что такое Церковь» [Там же: 133]. Это согласуется с рассмотренным в четвертой главе фрагментом из статьи «О сущности Церкви», где правильные отношения Церкви и государства определяются с позиций Церкви. Действительно, бо́льшая часть «Церкви перед европейским вопросом» посвящена уяснению правильного понимания Церкви, на основании которого только и можно будет ответить на вопрос, как Церковь должна реагировать на политику государства в отношении евреев.

Учитывая все сказанное о решительном сопротивлении, оказанном Бонхёффером нацистскому государству, его первоначальный ответ на вопрос о правильной реакции Церкви на политику государства может показаться неожиданным. Он говорит, что Церковь должна воздержаться от высказываний по поводу этих несправедливых действий. «Без сомнения, — пишет Бонхёффер, — Церкви Реформации не следует напрямую вмешиваться в политические действия государства. Церковь не должна ни хвалить, ни порицать государственные законы». «Таким образом, и в том, что касается "еврейского вопроса", — продолжает он, — она также не может напрямую перечитать государству, требуя, чтобы оно действовало как-то иначе». Бонхёффер утверждает здесь, что в задачи Церкви не входит защищать и критиковать политические действия государства, даже «в том, что касается "еврейского вопроса"» [Там же: 133–136].

Его призыв к Церкви сохранять осторожность в том, что касается сопротивления государству, вызвал, естественно, множество комментариев. Сдержанность Бонхёффера в этом вопросе стала «главной уликой» в глазах тех, кто оспаривал героический нарратив о его неколебимой и мужественной поддержке евреев. Напротив, те, кто стремился закрепить за ним репутацию сопротивленца, старались уклониться от этого разговора, указывая на те фрагменты «Церкви перед еврейским вопросом», где он как раз призывал к сопротивлению. Однако нам следовало бы сделать здесь паузу и разобраться, что эта сдержанность может сказать нам о его сопротивленческой мысли.

Почему в тот момент Бонхёффер призывал Церковь к сдержанности? Ключ к ответу на этот вопрос, как он уже сам дал нам понять, находится в «правильном понимании того, что такое Церковь». Когда он говорит, что Церкви «не следует напрямую вмешиваться в политические действия государства», он исходит из того, что «истинная Церковь Христова живет только по Евангелию» [Там же. — *Пер. изм.*]. Определение Церкви через Евангелие накладывает определенные рамки на характер церковного сопротивления. Принимая такое определение Церкви, мы можем зафиксировать ряд различий, которые Бонхёффер проводит между Церковью и другими участниками этой сцены, то есть другими агентами, оспаривающими несправедливые действия государства.

Первое различие — это между Церковью и государством. Как мы уже знаем из четвертой главы, божественная задача Церкви состоит в возвещении Евангелия, тогда как божественная задача государства состоит в сохранении порядка, справедливости и закона. Бонхёффер в самом начале статьи снова настаивает на таком понимании государства, заявляя, что Церковь должна «подтвержда[ть] [статус] государства как "порядка сохранения", установленного Богом в этом безбожном мире». Она должна «признавать и понимать порядок, устанавливаемый государством. <...> Церковь должна воспринимать и признавать действия государства, направленные на создание порядка... как то, что основано на сохраняющей воле Божией посреди хаоса и богооставленности этого мира» [Там же: 134. — *Пер. изм.*]. Четко формулируя компонент «различия» в своей концепции «различия-в-единстве», описывающей взаимоотношения двух царств, Бонхёффер утверждает, что Церкви не следует поспешно ввязываться в споры о политике при первых же признаках несправедливости. Напротив, Церковь должна предоставить государству определенную степень свободы действий, веря, что Бог поручил государству поддерживать гражданскую справедливость. Согласно его емкой формулировке, «не Церковь, но государство создает и изменяет право» [Там же: 138]. Церковь воздерживается от сопротивления из уважения к вверенной государству божественной задаче.

Однако Церковь воздерживается также и во имя собственной миссии возвещения Евангелия. Если бы Церковь, полагает Бонхёффер, слишком рьяно и слишком часто отстаивала ту или иную политическую позицию, тем самым она не только проявила бы неуважение к тому мандату, который Бог вверил государству, но и поставила бы под удар свой собственный. Как мы увидим, Бонхёффер призывает Церковь выступать против государства в других ситуациях и при других условиях. Однако он убежден, что если Церковь делает это постоянно и как нечто само собой разумеющееся, она расшатывает и саму себя, и государство, подрывая те самые установления, с помощью которых Бог сохраняет и спасает мир.

Главы со второй по четвертую подготовили нас к тому, чтобы понять проводимое Бонхёффером различие между Церковью и государством, однако первые абзацы «Церкви перед еврейским вопросом» вводят столь же важное, но менее бросающееся в глаза различие — различие между Церковью и гуманитарными организациями[2]. Если говорить подробнее, то различие здесь проводится между Церковью, которая определяется через проповедь и слышание Евангелия, и гуманитарными организациями,

---

[2] В русском переводе [Бонхёффер 2024в] «Церкви перед еврейским вопросом» humanitären и Humanitarismus переводятся как «гуманистический» и «гуманизм» соответственно, но, по нашему мнению, оправданно сохранить верность оригиналу и говорить о «гуманитаризме». «Гуманитаризм» шире гуманизма и отсылает к релевантным в этом контексте понятиям «гуманитарной деятельности» и «гуманитарных мер». — *Примеч. пер.*

которые определяются через моральные и гуманитарные цели. Когда Бонхёффер призывает Церковь воздержаться от обсуждения государственных законов, он имеет в виду, что в первостепенные задачи Церкви не входит суждение о том, является ли тот или иной закон «хорошим и плохим с гуманитарной перспективы». И, говорит он, всякое суждение Церкви относительно государства «находится по ту сторону от всякого морализма и отличается от гуманитаризма всех оттенков» [Там же: 134. — *Пер. изм.*]. Напоминая Церкви, что она действует исключительно на основании Евангелия, Бонхёффер тем самым отличает Церковь от гуманитарных организаций, действующих исходя из этических и гуманитарных идеалов.

Такое различение может показаться весьма необычным, поскольку для многих из нас политический голос Церкви ассоциируется с заботой о вещах морального и гуманитарного характера. Мы склонны думать, что суждения Церкви о политике проистекают из ее морального авторитета. Однако Бонхёффер думает иначе. Он считает, что основанием церковных суждений о политике является Евангелие. Мы сталкиваемся здесь с различием — вероятно, неизвестным некоторым из нас, но основополагающим для лютеранского богословия — между Евангелием и моралью. Вспомним фундаментальное различие, из которого исходит доктрина об оправдании: различие между человеческими попытками оправдать себя и божественным даром оправдания. Люди всегда стремятся снискать божественную похвалу и главным средством для этого считают исполнение морального закона. Пытаясь быть добрыми посредством дел закона, в том числе закона морального, мы стремимся себя оправдать. Однако когда Евангелие оправдания осуждает наше моральное стремление к самооправданию, перед нами открывается основополагающее различие между Евангелием и моралью. Это, конечно же, не означает, что Евангелие и мораль всегда и всецело противостоят друг другу. Напротив, часто действие, проистекающее из Евангелия, и действие, основанное на моральных соображениях, имеют общую почву. И тем не менее остается верным, что Евангелие нельзя так просто отождествить с моралью.

Институциональным выражением этого различия между Евангелием и моралью является различие между Церковью и гуманитарной организацией. Церковь по определению есть община, проповедующая и слышащая Евангелие, тогда как гуманитарные организации по определению преследуют моральные и гуманитарные цели. Прямая задача гуманитарных организаций, согласно Бонхёфферу, — «обвинять государство в преступлениях против морали». Этот моральный активизм обычно не является задачей Церкви, поскольку Церковь определяется через Евангелие, а не через некую этико-политическую программу. Если бы Церковь высказывалась по поводу всякого несправедливого действия государства «с точки зрения, скажем так, гуманитарного идеала» [Там же: 135–136. — *Пер. изм.*], она перестала бы быть Церковью и стала бы гуманитарной организацией. Как мы увидим далее, на самом деле у Церкви есть свои этико-политические задачи, но ее сущностью — то есть тем, что делает ее Церковью, — является Евангелие. Каковы бы ни были этико-политические задачи Церкви, их следует понимать на основании Евангелия, а не некоей общедоступной морали.

В начале статьи «Церковь перед еврейским вопросом» Бонхёффер указывает на еще одно различие. Церковь следует отличать не только от государства и гуманитарных организаций, но и от индивидов. Мы еще будем говорить о роли отдельного человека в сопротивлении (в разделе этой главы под названием «Отдельный человек и гуманитарное сопротивление»), но сейчас важно просто отметить, что, коль скоро мы говорим об определяющих задачах, Церковь не является индивидом. Церковь определяется через возвещение и слышание Евангелия. Обе эти задачи, согласно Бонхёфферу, суть задачи общины. Возвещение не есть задача какого-либо индивида, но Церкви как корпоративного тела. Это верно даже в случае индивида, стоящего за кафедрой. Этот индивид держит свою речь на основании не какого-либо личного авторитета, но авторитета церковного тела. И сообщество, собранное вокруг этого проповедуемого слова, по определению не является индивидом или собранием индивидов, но именно общиной. Роль, которую индивид может играть в сопротивлении, отличается от роли Церкви.

За этот изначальный призыв Бонхёффера к Церкви воздержаться от критики государства цепляются те, кто пытается оспорить его репутацию сопротивленца. Те же, кто стремится ее упрочить, спешат перейти к следующим фрагментам «Церкви перед еврейским вопросом» или к другим его текстам. Однако истинное значение этого призыва к сдержанности состоит в демонстрации того, как Бонхёффер понимает положение Церкви относительно других акторов политической сцены: призывая Церковь воздержаться от критики и следовать Евангелию, он проводит четкое различие между задачами Церкви (Евангелие), государства (сохранение), гуманитарных организаций (служение моральным и гуманитарным идеалам) и индивидов (следование своему призванию). Так, сконструированная Бонхёффером сцена сопротивления является следствием предпосылок, на которых основывается его политическая мысль. Эту мысль мы до сих пор пытались реконструировать. Центральной ее идеей было Евангелие оправдания, лежащее в основании идентичности церковной общины и отделяющее ее от политической власти, гуманитарных организаций и индивидов. Бонхёффер всегда будет придерживаться этого разделения между разными агентами сопротивления, и оно должно оставаться в центре внимания любого систематического анализа его сопротивленческой мысли.

Отдельный человек и гуманитарное сопротивление

Настаивая на том, что Церкви не следует выступать против конкретных политических действий государства, Бонхёффер тем самым отличает ее от государства, гуманитарных организаций и индивидов. Однако тем самым он также описывает первый тип сопротивления: сопротивление несправедливым действиям государства со стороны индивидов и гуманитарных организаций. «Показывать государству, как выглядят предпринимаемые им меры с точки зрения морали, то есть при необходимости обвинять государство в преступлениях против морали, — это задача гуманитарных объединений и отдельных христиан, чувствующих себя призванными к этому» [Там же: 135. — *Пер. изм.*]. Таким образом,

Бонхёффер призывает отдельных христиан сопротивляться государственной несправедливости, реализуя свое призвание[3]. Например, правительственные чиновники должны взять на себя ответственность и развернуть политический курс в сторону справедливости, а юристы могут подать иск против государства. Публичные интеллектуалы и все те, чей голос может быть услышан, могут призвать государство к ответу. Если люди собираются в группы и организованно сопротивляются государственной несправедливости, они выступают в качестве гуманитарной организации, где индивиды в опоре на общие принципы справедливости совершают те или иные коллективные действия. Отметим, что моральное противодействие государственной несправедливости Бонхёффер предписывает именно индивидам и гуманитарным организациям. Хотя мы склонны считать, что роль моральной оппозиции принадлежит главным образом Церкви, Бонхёффер смотрит на это иначе и закрепляет эту роль прежде всего за гуманитарными организациями и индивидами. Именно они, как правило, поднимают голос против государственных «преступлений против морали» и делают они это в опоре на мораль, а не Евангелие.

Проводя различие между той или иной формой церковного сопротивления государству и моральным сопротивлением индивидов и гуманитарных организаций, Бонхёфферу было необходимо настаивать на различии между Евангелием и моралью. Если прибегнуть к терминологии из третьей главы, получается, что Бонхёффер с помощью этого различия стремится отделить свою теолого-политическую позицию от позиции «радикалов», которые делают акцент на избавлении и, как он считает, нивелируют различие двух царств, путая Евангелие с моральной программой. Однако он впал бы в псевдолютеранскую ошибку, если бы просто отделил Евангелие от морали, не восстанавливая затем их взаимосвязь на основании Евангелия. На самом деле в своей

---

[3] В оригинале — vocation, что можно провести как «профессиональные обязанности» (лютеровское *Beruf*). Идеального русского перевода для этого понятия нет, но учитывая то, как его иногда использует автор, вариант «профессиональные обязанности», или «профессия», использовать было невозможно. — *Примеч. пер.*

сопротивленческой мысли Бонхёффер соединяет Евангелие с моралью различными способами.

Одним из примеров этого является сопротивление христиан, описанное в качестве сопротивления первого типа. Согласно лютеранской логике веры и добрых дел, воспринявшие евангельскую весть об оправдании будут освобождены от необходимости самооправдания и смогут свободно служить в любви своим ближним. Одной из форм такого служения может стать борьба за справедливость в рамках гражданского общества. Если моральная и гуманитарная деятельность отдельных христиан сама по себе не есть Евангелие, она тем не менее из него проистекает, точно так же как дела проистекают из веры. Здесь Евангелие и мораль, вначале разделенные, снова сходятся в Евангелии.

Этот первый тип сопротивления также занимает ключевое место в христоцентричном взгляде Бонхёффера на политическую жизнь, где христиане действуют совместно с нехристианами. В четвертой главе, обсуждая отношения государства и Церкви, мы говорили о провиденциальном совпадении между тем, что откровение через Церковь сообщает о морали, и тем, что нехристиане узнают о ней через познание естественного закона. Как мы говорили ранее, благодаря этому провиденциальному совпадению государство может быть хорошим, не будучи при этом христианским государством. Такое же провиденциальное совпадение имеет место между стремлением к справедливости отдельных христиан, частично мотивированным верой, и точно таким же стремлением нехристиан, проистекающим главным образом из общей морали. В этом первом типе сопротивления христиане и нехристиане, вместе преследующие моральные и гуманитарные цели, обретают общую почву.

Тот факт, что в статье «Церковь перед еврейским вопросом» Бонхёффер упоминает этот тип сопротивления лишь мимоходом, не означает автоматически, что он считает его незначительным. Важно помнить, что здесь он ставит вопрос о том, «как *Церковь* оценивает эти действия государства и, исходя из этого, какую задачу видит перед собой» [Там же: 133] (курсив мой. — М. Д.). Он говорит здесь как представитель Церкви, излагая церковный ответ на «арийский параграф». Говоря о сопротивлении, которое подобает индивидам и гуманитарным организациям, он на контрасте хочет показать, какое сопротивление соответствует положению Церкви. Бонхёффер вовсе не пытается принизить этот первый тип сопротивления — сопротивления, к которому относится большинство из того, что мы обычно называем политическим сопротивлением, например: протесты, петиции, участие в инициативных группах и тому подобное.

Доказательством того, что Бонхёффер всерьез относился к индивидуальному сопротивлению, служит то, что к нему принадлежит и заговор (шестой тип) — а именно это стоило Бонхёфферу жизни. Его участие в заговоре мы обсудим в главах с 12 по 14, сейчас же следует отметить связь шестого типа сопротивления с первым. И там и там речь идет о действиях отдельных людей, реализующих свое призвание. Друг от друга их отличают лишь обстоятельства, в которых эти действия имеют место. Сопротивление первого типа — это реакция отдельного человека на государственную несправедливость в нормальных обстоятельствах, то есть тогда, когда государство по большей части исполняет своей мандат и функционирует исправно. Шестой тип сопротивления, напротив, является более радикальной формой сопротивления, которая, по Бонхёфферу, необходима в крайних обстоятельствах, то есть тогда, когда государство перестает исполнять свои функции, угрожая всему обществу. В 1933 году, когда Бонхёффер писал свою статью «Церковь перед еврейским вопросом», у него не было оснований считать, что обстоятельства станут настолько чудовищны и что индивидам придется прибегнуть к таким доселе немыслимым методам сопротивления, как заговор или государственный переворот. Однако в чрезвычайные времена сопротивление индивидов принимает чрезвычайные формы. Чрезвычайность ситуации, как мы увидим, превращает сопротивление первого типа в сопротивление шестого типа.

Возвращаясь к аргументу из «Церкви перед еврейским вопросом», мы видим, что Бонхёффер вначале призывает Церковь воздержаться от критики несправедливых действий государства. Эта сдержанность основывается на представлении о Церкви как об общине, проповедующей и слышащей Евангелие, что отличает ее от государства, которому поручено сохранять порядок и справедливость посредством закона, и от индивидов и гуманитарных организаций, которые призывают государство к ответственности на основании морали и гуманитарных норм.

Диаконическое служение церкви

Конечно, этот призыв к сдержанности — не последнее слово Бонхёффера о церковном сопротивлении. В знаменитом фрагменте о «колесе» он называет три типа возможных реакций Церкви — именно как Церкви — на государственную несправедливость. Возьмем один из них — «служит[ь] тем, кто пострадал от действий государства», или «перевязывать раны тех, кто попал под колеса [государственной машины]» [Там же: 139]. Назовем это сопротивлением второго типа, диаконическим служением Церкви жертвам государственной несправедливости.

Я рассматриваю эту реакцию Церкви первой (хотя во фрагменте о «колесе» она идет второй), потому что две другие логически связаны друг с другом и соответствуют церковной функции проповеди и учительства. Сопротивление же посредством помощи жертвам соответствует диаконической функции Церкви. Различие между должностью Слова (проповедь и учительство) и диаконической должностью (служение общине) восходит к Новому Завету (Деян. 6: 2), и Бонхёффер на нем настаивает. Это различие выводит на сцену еще одно действующее лицо. Бонхёффер не только проводит различие между государством, гуманитарными организациями, индивидами и Церковью, но также и (несколько более мягкое) различие между церковной функцией учительства и проповеди и диаконической функцией.

Различие здесь и вправду есть, ведь одно дело — проповедовать Евангелие, а другое — служить ближнему в любви[4]. Но в то же

---

4 Например: «Обе задачи следует четко различать. Первая задача — учительская, а вторая — диаконическая, первая — божественная, а вторая — земная, первая — задача Божьего Слова, а вторая — задача христианской жизни» [Бонхёффер 2016: 377. — *Пер. изм.*].

время это различие относительно мягкое, поскольку эти две функции соответствуют единому определению Церкви. Мы можем сказать о Церкви, что она является агентом евангельского провозвестия, тем самым определяя ее через должность Слова. Но тот факт, что Церковь возвещает Слово Божье, парадоксальным образом одновременно предполагает и учреждает Церковь как общину. Бонхёффер считал, что Церковь может нести божественное Слово только потому, что она *и есть* это Слово, сам присутствующий Христос. И то, что она несет божественное Слово, в свою очередь, поддерживает жизнь общины как жизнь присутствующего Христа. Таким образом, возвещение Слова и *бытие*-Словом составляют одно целое. Когда мы обращаем внимание на тот факт, что бытие Церкви — это бытие Слова Божьего, мы замечаем ее диаконическую должность. Поскольку Церковь есть бытие Христа в мире, она существует для ближних. Бонхёффер указывает одновременно и на возвещение Слова, и на диаконическое служение, когда говорит, что «Церковь — это место, где возвещается и совершается формирование образа Иисуса Христа» [Бонхёффер 2016: 81].

Возвращаясь к трем реакциям Церкви, мы видим, что первое действие — «вопроша[ть] государство о том, носит ли его действие легитимный характер, то есть возлага[ть] на государство ответственность за его действия» — соответствует функции проповеди и учительства, то есть должности Слова. Третий тип действия — «перехватить это колесо», причем действие, которое Бонхёффер здесь подразумевает, — это провозвестие Экуменической церкви. Второй тип действия — «служит[ь] тем, кто пострадал от действий государства» [Бонхёффер 2024в: 139] — соответствует диаконической должности Церкви. Итак, есть три действия одной Церкви, соответствующие двум должностям. В статье «Церковь перед еврейским вопросом» наибольшее внимание получают два типа действия, соответствующие должности Слова, как и на первом этапе его сопротивления вообще, выражением которого эта статья служит. «Сопротивленческий» аспект учительства и проповеди мы рассмотрим далее.

Глава 6
Косвенное политическое слово Церкви

Сопротивление словом

Два других типа сопротивления, которые мы рассмотрим далее, соответствуют церковной должности Слова, то есть проповеди и учительству на основании Евангелия. В этой главе мы остановимся на третьем типе сопротивления, который внутри этой топологии соответствует «опосредованно политическому слову Церкви». Он фигурирует во фрагменте о «колесе» из статьи «Церковь перед еврейским вопросом» и состоит в том, чтобы «вопроша[ть] государство о том, носит ли его действие легитимный характер, то есть возлага[ть] на государство ответственность за его действия». В седьмой же главе мы рассмотрим четвертый тип сопротивления, который соответствует «прямому политическому слову Церкви» и во фрагменте о «колесе» понимается как «перехватить это колесо» [Там же. — *Перев. изм.*].

Понятие «политического слова» Церкви возникает в статье «Что есть Церковь?», которую Бонхёффер пишет за несколько месяцев до «Церкви перед еврейским вопросом». В ней он описывает три типа соотношения церковного Слова с областью политики. Чтобы лучше понять мысль Бонхёффера, полезно использовать слово «политика» в узком смысле. Часто политикой в широком смысле называют социальную жизнь людей вообще, и в этом случае церковное Слово всегда и с необходимостью будет политическим. Но здесь (как это часто бывает) Бонхёффер говорит о политике в узком смысле — как о том, что соответствует задачам государства. Политика здесь означает установление законов, наведение порядка, поддержание относительной справедливости — все то, что соотносится с деятельностью государства. Когда он ставит вопрос об отношениях между церковным Словом и политикой, он спрашивает о том, как это слово соотносится с теми проблемами, которые входят в сферу государственного мандата.

В статье «Что есть Церковь?» Бонхёффер начинает свое рассуждение о слове и политике в знакомом нам ключе, утверждая, что «Церковь в мiре проявляет себя как Церковь Божия не через что иное, как через правильную передачу евангельской вести, через правильное возвещение благодати и заповеди» [Там же: 120]. Здесь он говорит, что Церковь имеет дело прежде всего не с политикой, то есть поддержанием порядка и справедливости посредством закона, но с провозвестием, которое принимает двойную форму Евангелия и закона, или, как он говорит здесь, благодати и заповеди. Начальной точкой этого обсуждения, следовательно, является утверждение, что церковное Слово *не является* политическим в узком смысле. Само собой разумеется, что церковное Слово не стремится к реализации некоей политики.

Однако сама природа Евангелия предполагает, что церковное Слово всегда может стать политическим. Евангелие, говорит Бонхёффер, касается «прорванной свыше границ[ы] человеческих возможностей» [Там же: 121]. Оно приходит как судья и граница наших человеческих попыток уподобиться Богу, наших попыток самостоятельно придать себе конечный смысл. Поскольку политика является частью сферы «человеческих возможностей», церковное Слово с необходимостью задает «границу политике». В этом смысле церковное Слово «по необходимости "политично"» [Там же], в том отношении, что оно ограничивает и фундирует сферу политики. Оно ограничивает политику, демонстрируя, что она не есть конечное Царство Божие. Но тем самым оно также фундирует политику как предпоследнее царство, которое пожелал Бог. Если рассуждать об этом применительно к государству, то мы увидим, что церковное Слово, показывая источник конечного смысла, одновременно ограничивает государство как нечто, что не располагает конечным смыслом, но также определяет его место относительно этого конечного смысла, то есть определяет его как агента сохранения, устремленного к избавлению.

Такое фундирование и ограничение политики со стороны Церкви Бонхёффер называет первым политическим словом Церкви. Это первое политическое слово не является непосредственно политическим в смысле улучшения законодательства или поддержки кандидатов на выборах. Оно является политическим опосредованно, то есть постольку, поскольку задает границы собственно политической деятельности. Речь идет не о «христианизации политики», а об «осознании конечности» [Там же: 122]. Своим первым политическим Словом Церковь задает границы политике (то есть провозглашает ее конечность) и тем самым указывает подобающее ей место по отношению к бесконечному.

Далее в статье Бонхёффер рассуждает о «втором слове Церкви к политике». Оно будет *непосредственно* политическим словом, то есть таким, которое погружается в конкретные детали политики, поддерживая ту или иную политику или политическую партию. Бонхёффер говорит об этом втором политическом слове Церкви как о «конкретной заповеди», о которой мы будем говорить в седьмой главе. Он допускает возможность такого второго слова, но предупреждает, что оно содержит риск. Такое слово будет особым делом Церкви, временным вмешательством в ту область, которая в нормальной ситуации соответствует мандату государства [Там же: 123].

Здесь в краткой форме Бонхёффер демонстрирует три способа, каким церковное Слово может соотноситься с политикой. Первый и самый важный момент — церковное Слово аполитично, поскольку оно сопряжено с возвещением Евангелия, а не с политическими делами. Однако из самой сущности евангельской вести — то есть вести о том, что наши политические дела не имеют абсолютного значения, — следует, что церковное Слово может стать опосредованно политическим. В рамках этого второго типа соотношения слова и политики, который Бонхёффер называет первым политическим словом Церкви, слово очерчивает сферу политики, одновременно ограничивая и фундируя ее. Третью позицию, которую церковное Слово может занять по отношению к политике, Бонхёффер называет вторым политическим словом: рискованным, непосредственно политическим словом, или конкретной заповедью, посредством которой Церковь вмешивается в политику.

Эти три типа соотношения слова и политики, описанные в статье «Что есть Церковь?», еще раз возникают в статье «Церковь перед еврейским вопросом». Когда Бонхёффер, как мы показали в пятой главе, сначала призывает Церковь не выступать против государства, он, если воспользоваться терминологией статьи «Что есть Церковь?», призывает не политизировать ее проповедь. Когда же во фрагменте о «колесе» он говорит, что Церковь должна «вопроша[ть] государство о том, носит ли его действие легитимный характер, то есть возлага[ть] на государство ответственность за его действия», этот третий тип сопротивления оказывается связан с опосредованно политическим церковным словом, о котором говорилось в статье «Что есть Церковь?». И когда во фрагменте о «колесе» он говорит, что Церковь должна «перехватить это колесо» [Там же: 139. — *Пер. изм.*], этот четвертый тип сопротивления связывается с тем, что в статье «Что есть Церковь?» именуется непосредственно политическим церковным словом.

От сдержанности к сопротивлению

То, что Бонхёффер в начале статьи «Церковь перед еврейским вопросом» призывает Церковь не выступать против государства — лишь затем, чтобы через несколько страниц призвать-таки ее к сопротивлению, интерпретировалось как некая непоследовательность или противоречие. Кеннет Барнс, например, утверждал, что «Бонхёффер на протяжении всей статьи противоречит сам себе» [Barnes 1999: 144]. Барнс приводит в пример фрагмент, где Бонхёффер рассуждает о противостоянии Церкви государству: «На каждый аргумент в пользу церковного действия он выдвигает контраргумент, лишающий это действие правомочия» [Ibid.: 116]. Барнс в этом не одинок; скорее, он вторит распространенному мнению о противоречивости текста Бонхёффера. Такая ставшая общим местом интерпретация препятствует внимательному прочтению этого текста, которое продемонстрировало бы глубочайшую последовательность его мысли. На возражение Барнса мы ответили бы, что Бонхёффер на самом деле абсолютно последователен, когда в одном месте призывает Церковь не выступать против государства, а в другом призывает ровно к обратному.

Чтобы начать видеть эту последовательность, нужно взглянуть на различие между действиями государства и характером этого государства, на котором основывается ключевой фрагмент статьи:

> Таким образом, и в том, что касается «еврейского вопроса», она также не может напрямую перечить государству, требуя, чтобы оно действовало как то иначе. Это не означает, что Церковь безучастно позволяет пройти политике мимо себя; напротив, именно потому, что она не морализаторствует по каждому отдельному случаю, она может и должна постоянно спрашивать государство о том, является ли его действие легитимным государственным действием, то есть действием, которое творит право и порядок, а не беззаконие и хаос. Она призвана ставить этот вопрос со всей остротой, когда сама «государственность» государства, то есть его функция посредством силы создавать право и порядок, оказывается под угрозой. Сегодня Церковь должна будет со всей ясностью задать этот вопрос в связи с «еврейским вопросом». При этом Церковь не берет на себя ответственность за действия государства, но наоборот, всю тяжесть ответственности за его собственные действия возлагает на само государство. Благодаря этому она освобождает государство от всяких морализаторских упреков, [лишь] указывая ему на его функцию, предписанную ему Блюстителем мира [Бонхёффер 2024в: 136–137].

Хотя различие между действием государства и его характером трудно установить на практике, Бонхёффер утверждает, что судить о действии государства и судить о его характере — это разные вещи.

Если Церковь выносит суждение, что «арийский параграф» — это лишь несправедливый закон, принятый в других отношениях справедливым государством (то есть если это несправедливое *действие*, совершенное государством, чей *характер* не ставится под вопрос), тогда Церкви не следует возражать прямо, то есть церковное Слово должно оставаться неполитическим. Прямое политическое возражение будет в этом случае морализаторством, которое является прерогативой индивидов и гуманитарных организаций. Оно было бы вмешательством в сферу, соответствующую мандату государства. Если же, напротив, Церковь выносит суждение о том, что несправедливый «арийский параграф» свидетельствует о несправедливом характере принявшего его государства, тогда Церковь должна возразить ему, и возражение это должно основываться на Евангелии. Таким образом, различие между действием государства и его характером оказывается путеводным для церковной должности Слова и в случае необходимости предписывает переход от сдержанности к сопротивлению.

Если читать эту статью именно так, то предполагаемое противоречие, на которое указывает Барнс, исчезает. Барнс пишет:

> Если, с одной стороны, [Бонхёффер] призывает Церковь задаться вопросом, действительно ли нацистское государство, проводя соответствующую политику в отношении евреев, исполняет свою роль порядка сохранения, и даже утверждает, что Церковь должна активно сопротивляться подобной государственной политике, то в другом месте этой же статьи он запрещает Церкви говорить и действовать подобным образом [Barnes 1999: 116].

Однако это лишь кажущееся противоречие. Там, где Бонхёффер «запрещает Церкви говорить», он имеет в виду морализаторство по поводу определенного *действия* государства. А там, где он призывает Церковь ставить под вопрос государство (третий и четвертый тип сопротивления), речь идет о том, что Церковь должна ставить под вопрос *характер* этого государства на основании *Евангелия*. Позиция Бонхёффера относительно сопротивления Церкви государству ни в коей мере не простая, однако она отчетлива, последовательна и фундирована его теолого-политическими понятиями.

Чтобы показать, что различие между действием государства и его характером основывается на других используемых Бонхёффером понятиях, взглянем на то, как оно репрезентировано в более явно теологическом языке. Например, его можно выразить через понятия содержания и цели закона. Мандат государства предписывает ему стоять на страже закона, а именно его политической функции, целью которой является сдерживание греха. Государству известно содержание этой функции закона посредством разума, ему не нужна для этого помощь Церкви. Оно без Церкви знает, что убийство противозаконно. Как говорит Бонхёффер в лекционном курсе «О сущности Церкви»: «…должность государства не является ни христианской, ни безбожной. Свои обязанности оно должно исполнять ответственно и беспристрастно». Государству, а не Церкви, Бог дал «судящий мсч власти» [11: 332]. Тем не менее, даже если государству известно содержание закона, ему неизвестна более высокая цель закона внутри божественного плана, а именно что закон в его политическом аспекте сдерживает распространение греха ради избавления и (в своем духовном аспекте) наказывает за грех. Эти цели закона недоступны разуму и потому неизвестны государству без помощи Церкви. Государство знает содержание закона, но не его цель (напр., [Бонхёффер 2016: 162]). Поскольку государство знает содержание закона, Церковь дает ему свободу действий в его сфере. Но если государство обеспечивает закон таким образом, что тем самым угрожает самой его цели (я объясню это в последней части этой главы), то Церковь должна заговорить, поскольку именно ей известны конечные цели закона.

На самом деле различие между действиями государства и его характером можно сформулировать множеством других способов: в категориях двух царств, отличных друг от друга мандатов Церкви и государства, широкого и узкого понимания Евангелия, и, вероятно, как-то иначе. Однако главная мысль состоит в том, что в определенный момент, когда кооперация между государством и Церковью рушится и они вступают в противостояние, церковное Слово, если говорить языком статьи «Что есть Церковь?», из неполитического превращается в политическое. Или, если воспользоваться терминологией курса «О сущности Церкви», наступает момент, когда границу между государством и Церковью придется «восстанавливать в борьбе» [11: 332]. В статье «Церковь перед еврейским вопросом» это различие представлено как различие между действиями государства и его характером.

Все это говорит о том, что для лютеранского теологического понимания политики различие между действием государства и его характером оказывается необходимым. Необходимо оно постольку, поскольку само собой разумеется, что в одних ситуациях Церковь должна позволять государству делать его работу, а в других должна ему возражать. То есть, если исключить точку зрения, что Церковь *всегда* должна наставлять государство относительно его долга (крайняя версия радикальной позиции), или точку зрения, что Церковь *никогда* не должна перечить государству (столь же крайняя версия псевдолютеранской позиции), то нам нужно принимать решение, когда Церковь должна высказываться, а когда нет. И позиция Бонхёффера предполагает такое решение, предоставляя теологически фундированное различие, на которое это трудное решение может опереться, — различие между характером государства и его действиями, между содержанием закона и его целью, между узким и широким пониманием Евангелия.

Бонхёффер далее предлагает критерий, на основании которого можно делать выводы о характере государства: «Две ситуации вынуждают Церковь говорить: 1) недостаток закона и порядка; 2) избыток закона и порядка». В первом случае государство подрывает свою легитимность потому, что закона и порядка в нем слишком мало. Бонхёффер приводит здесь в пример ситуацию, где «группа людей становится бесправной» [Бонхёффер 2024в: 137. — *Пер. изм.*]. Этот пример очевидным образом намекает на положение евреев в нацистском государстве, которые с принятием «арийского параграфа» оказались бесправны. Принимая решение, следует ли ей высказываться против государства, Церковь должна спросить себя, является ли «арийский параграф» несправедливым законом, который был принят справедливым в других отношениях государством, или же этот несправедливый закон выявляет тот факт, что этому государству нет никакого дела до справедливости. В последнем случае Церковь должна заявить, что такое государство неспособно исполнить свой мандат, поскольку в нем налицо «недостаток» закона и порядка.

Государство может также подорвать свою легитимность из-за «избытка» закона и порядка. Примером здесь выступает ситуация, где оно «применяет так много силы, что тем самым лишает христианское провозвестие и христианскую веру... их собственного права» [Там же: 138]. Бонхёффер подразумевает здесь расширение «арийского параграфа» на Церковь — ситуацию, когда государство принуждает Церковь исключать из своей общины крещеных этнических евреев. В отличие от ситуации, когда закона и порядка в государстве «недостаточно», здесь государство превышает свои полномочия и заходит на территорию церковного мандата. Когда в государстве «избыток закона и порядка», оно неспособно исполнить свою функцию в мирском царстве и начинает покушаться на царство духовное.

Термины «избыток» и «недостаток» призваны провести необходимую концептуальную границу между вопросом о действии государства и его характере; вопросом о том, *как* государство поддерживает порядок, и вопросом о том, поддерживает ли оно его *вообще*; вопросом о том, насколько хорошо государство исполняет свои функции порядка сохранения, и вопросом о том, исполняет ли оно свою роль порядка сохранения вообще. Тот факт, что Бонхёфферу приходится проговаривать переход от одной стороны этого различия к другой, который также является переходом от сдержанности к сопротивлению, отнюдь не говорит о непоследовательности его аргумента. Напротив, все эти различия с необходимостью вытекают из лютеранской теолого-политической перспективы с ее концепциями закона и Евангелия, двух царств, Церкви и государства.

Косвенное слово против мессианского государства

Если Церковь принимает решение выступить против государства, в котором царит «избыток» или «недостаток» закона, какую форму должна принять ее речь? Говоря языком статьи «Что есть

Церковь?», первым Словом Церкви должно быть косвенное политическое слово. В статье «Церковь перед еврейским вопросом» оно соответствует первому церковному действию из фрагмента о «колесе»: Церковь «вопрошает государство о том, носит ли его действие легитимный характер, то есть возлагает на государство ответственность за его действия» [Там же: 139]. Во фрагменте, который мы уже цитировали, Бонхёффер подробно описывает, что это означает. Церковь должна

> ...постоянно спрашивать государство о том, является ли его действие легитимным государственным действием, то есть действием, которое творит закон и порядок, а не беззаконие и хаос. Она призвана ставить этот вопрос со всей остротой, когда сама «государственность» государства, то есть его функция посредством силы создавать закон и порядок, оказывается под угрозой. Сегодня Церковь должна будет со всей ясностью задать этот вопрос в связи с «еврейским вопросом» [Там же: 136. — *Пер. изм.*].

Это не морализаторствующая критика государственных действий, отталкивающаяся от некоего общепринятого стандарта справедливости, а вопрошание, исходящее из евангельского знания о мандате государства как порядке сохранения. Церковь должна спрашивать государство, «действует ли оно согласно своей роли порядка сохранения».

Такая реакция может показаться нам недостаточной и принести разочарование. Нацистское государство творило в отношении евреев систематическую несправедливость, и Бонхёффер отвечал на это, что Церковь должна всего лишь напомнить государству о его функции поддержания порядка. Хотя такая реакция на первый взгляд кажется беззубой, на самом деле речь идет о прямом вызове нацистскому режиму, поскольку под вопрос ставится то, что имеет для него центральное значение, а именно понятие государства. Бонхёффер навязывает ему прямую конфронтацию, ставя вопрос, «в чем в конечном итоге состоит цель государства».

За несколько месяцев до публикации статьи «Церковь перед еврейским вопросом» Бонхёффер уже высказывался по этой теме, рассуждая об истинных функциях политической власти в своем радиообращении «Фюрер и молодое поколение». Он утверждал, что высшая власть принадлежит Богу. Политическая власть передается «сверху вниз» [12: 275], поскольку Бог вручает предпоследнюю власть политической должности, которая соответствует государству. Политический лидер обладает политической властью не из-за своих особых качеств, а поскольку причастен особой должности. Все это согласуется с представлением о политической власти, характерным для лютеранской традиции: предназначение власти состоит здесь в том, чтобы исполнять поставленную Богом задачу сохранения. Бонхёффер считал, что эту традицию наследует современная идея *Rechtsstaat*, что можно перевести как «правовое государство», «государство закона» или «государство прав» [Strohm 1989: 165–179]. Согласно этой идее, государство черпает свою легитимность в законе, а потому его власть им ограничена. Ключевое значение для Бонхёффера имеет тот факт, что в современном правовом государстве верховная власть остается за Богом: «Таким образом, лидер указывает на должность; однако лидер и должность указывают на саму верховную власть», которая есть Бог [12: 281–282].

Такое понимание политической власти Бонхёффер противопоставляет нацистской модели, где политическая власть принадлежит самому фюреру. Политическое лидерство здесь приписывается не функции, отличной от осуществляющего ее лица, но самому этому лицу. Поэтому связь политической власти с высшей божественной властью оказывается разорвана [Там же: 274–275]. Когда установился Третий рейх, произошла, согласно диагнозу Бонхёффера, масштабная перестройка политической власти. Было: политический лидер, причастный должности государства, которая отсылает к Богу. Стало: фюрер, правящий Рейхом и отсылающий к самому себе. Перед нами — зловещее повторение Адамова грехопадения.

Так же как падший Адам хотел уподобиться Богу, фюрер, претендующий на верховную власть, которая должна принадлежать одному Богу, рискует превратиться в «идола» [Там же: 280]. Фюрер — не политическая, а религиозная фигура:

> Этот фюрер, возникающий из коллективного могущества
> народа, являет собой исполнение народных чаяний, реали-
> зацию смысла и могущества народной жизни. Таким обра-
> зом, мы можем наблюдать, как изначально весьма прозаич-
> ная идея политической власти превращается в политико-
> мессианскую идею фюрера. Равным образом эта идея
> вбирает в себя все религиозные представления ее сторон-
> ников [Там же: 278].

Политические и религиозные роли смешиваются в «политико-мессианской идее» фюрера.

Теперь, держа в уме этот анализ псевдомессианизма национал-социалистического режима, мы можем вернуться к проводимому Бонхёфферу различию «избытка» и «недостатка» закона и порядка в государстве. Государство, страдающее мессианским комплексом, не может смириться со скромной ролью исполнителя мандата, состоящего в поддержании гражданской справедливости. Оно хочет большего, «избытка». Так, к примеру, нацистское государство пренебрегает этим мандатом, который предписывает ему заботиться о гражданской справедливости, и вместо этого стремится реализовать расистскую и националистическую программу. Оно хочет решить «еврейский вопрос», который, как считает Бонхёффер, может решить только Бог с помощью Его Церкви. Стремясь к избыточному, оно также делает недостаточно для сохранения прав своих граждан, в данном случае — прав евреев. Церковь же бдительно следит за тем, чтобы государство не впадало в крайности «избытка» и «недостатка» закона и порядка, поскольку такое отступление является симптомом мессианского государства.

Церковь возвещает Слово, провозглашающее власть Бога, которую Он осуществляет через Свою Церковь. Это провозвестие также содержит в себе провозвестие о власти, задачи и границах государства. И оно становится политическим (по крайней мере косвенно), если государство пренебрегает своей властью, задачей и границами. В этом случае провозвестие Церкви о том, какую форму должна иметь мирская власть, превращается в божественный упрек. И потому, когда Бонхёффер призывает Церковь напомнить государству о его мандате, он на самом деле призывает Церковь обличить псевдомессианские амбиции нового режима, который пренебрегает своим ограниченным мандатом, обязывающим его блюсти гражданскую справедливость, и вместо этого стремится реализовать некую националистическую программу.

Такого рода разоблачение отличается от простого указания на несправедливость отдельных законов, поскольку речь здесь идет о самом характере государства. Различие между действиями государства и его характером, казавшееся на первый взгляд абстрактным, приобретает тут реальную силу. Отметим, что такое разоблачение псевдомессианского режима может быть лишь делом Церкви, которая высказывается именно как Церковь, та Церковь, которая сохранила свой евангельский капитал «именно потому, что она не морализаторствует по каждому отдельному случаю» [Бонхёффер 2024в: 136]. Пусть морализаторствуют гуманитарные организации. Только Церковь способна упрекнуть мессианское государство, поскольку только она хранит Слово.

Глава 7
Прямое политическое слово Церкви

Перехватить это колесо

Шестую главу мы закончили рассуждением о косвенном политическом слове Церкви. Евангелие, действующее неполитически, покуда государство исполняет свой мандат, становится непосредственно политическим и указывает государству его пределы в случае, когда оно выходит за пределы своего мандата, попирая церковный авторитет или же оказываясь неспособным поддерживать порядок и тем самым пренебрегая своим мандатом. Однако Бонхёффер рассуждает также о более политической форме церковного провозвестия, описывая ее следующем образом: «Третья возможность состоит в том, чтобы не только перевязывать раны тех, кто попал под колеса [государственной машины], но и самим вставлять палки в эти колеса [или "перехватить это колесо". — *Примеч. пер.*]. Это — непосредственно политическое действие Церкви» [Там же: 139].

Как возникает подобная ситуация? Какие обстоятельства требуют от Церкви «непосредственного политического действия» (четвертый тип сопротивления)? Как говорит Бонхёффер, «оно оказывается возможно и необходимо лишь в том случае, когда Церковь видит, что государство не справляется со своей функцией создавать закон и порядок, то есть когда государство беспринципным образом порождает недостаток или избыток закона и порядка» [Там же. — *Пер. изм.*]. Кое-что из этого лишь повторяет то, что мы уже рассмотрели в шестой главе, рассуждая о том, что вопрошание о характере государства (а не о характере его отдельных действий) в какой-то момент побуждает Церковь обратиться к косвенному политическому слову. Побуждение же к *прямому* политическому слову, о котором мы говорим в настоящей главе, заключено во фразе «беспринципным образом». Когда государство пренебрегает своим мандатом беспринципным образом, косвенное политическое напоминание о подлинной роли государства оказывается неэффективным. В таком случае Церковь должна прибегнуть к прямому политическому слову.

Таким образом, мы проделали некоторый путь с того места в начале статьи «Церковь перед еврейским вопросом», где Бонхёффер говорил, что «Церкви Реформации не следует напрямую вмешиваться в политические действия государства. Церковь не должна ни хвалить, ни порицать государственные законы» [Там же: 133–134]. Теперь же, несколькими страницами ниже, он описывает ситуацию, где такое прямое политическое действие со стороны Церкви не только «возможно», но и «необходимо». Два фактора вынуждают Церковь перейти от косвенного к прямому политическому слову. Первый — это сама суть возвещаемой Церковью благой вести, вести, задающей границу всякой человеческой деятельности, включая политическую деятельность государства. Политическая деятельность государства оказывается предпоследней деятельностью, подчиненной высшей и последней — божественному Слову. Второй фактор — это характер государства. Если государство должным образом исполняет свой мандат, предписывающий ей поддерживать закон и порядок, и уважает мандат Церкви, предписывающей ей провозвествовать, то между таким государством, исполняющим свою функцию, и Церковью, которая проповедует и учительствует, не возникает конфликта. В этой ситуации церковная проповедь носит неполитический характер. Если же государство пренебрегает своим мандатом, потому ли, что попросту не исполняет его («недостаток»), или потому, что выходит за его пределы («избыток»), то церковное провозвестие становится более политичным. Вначале

Церковь дает государству понять, что именно ее слово авторизует государство и задает ему рамки (третий тип сопротивления). Если, несмотря на это, государство идет еще дальше и беспринципным образом пренебрегает своим мандатом или выходит за его пределы, церковное провозвестие должно стать непосредственно политическим (четвертый тип сопротивления). Таким образом, преодолеть дистанцию, отделяющую неполитическое слово от политического, Церковь вынуждает сама сущность Евангелия и характер государства.

Какую форму принимает это прямое политическое слово? Ранее, когда мы говорили о переходе от неполитического к непосредственно политическому слову, этот переход оказывался по большей части количественным. Евангелие, всегда задающее границу государственной деятельности, делает это более эксплицитно в ситуации, когда государству неизвестны его основания и пределы. Но в ситуации, когда государству эти основания и пределы прекрасно известны, но оно тем не менее беспринципно пренебрегает своим мандатом и/или преступает его, церковное провозвестие подвергается не только количественной, но и качественной трансформации. Бонхёффер по-разному сообщает об этой качественной трансформации.

Первый раз — с помощью фразы «непосредственно политический». Вспомним, что в статье «Церковь перед еврейским вопросом» слово «политический» означает главным образом все то, что относится к действиям государства, направленным на установление и обеспечение закона, сдерживание хаоса и учреждение порядка и права. И когда Бонхёффер говорит, что церковное провозвестие обычно имеет неполитический характер, он прежде всего имеет в виду, что церковная проповедь не стремится реализовать какие бы то ни было политические цели. И теперь, когда он призывает Церковь к прямому политическому слову, он имеет в виду, что Церковь в этой особой ситуации должна на определенное время зайти в политическую сферу, чтобы возвестить нечто о конкретных действиях государства. Это качественно иное, прямое политическое слово, естественно, не относится к регулярной деятельности Церкви, ее проповеди и учительству.

Второй раз эту качественную трансформацию церковного провозвестия Бонхёффер выражает с помощью понятия *status confessionis*. Он пишет, что в случае непосредственно политического возвещения «Церковь обнаруживает себя in status confessionis» [Там же: 140]. Перевести этот термин можно как «в состоянии исповедания». Подробнее мы рассмотрим его в восьмой главе. Как предполагает этот перевод, речь идет об исповедании, или проповеди, особо рода, качественно отличном от обычного, регулярного исповедания.

О качественной трансформации провозвестия сигнализирует также то, что Бонхёффер наделяет правом принятия решения о таком провозвестии «евангелический собор» [Там же]. Говоря о таком соборе, он отсылает к традиции авторитетных церковных деклараций (proclamations), издававшихся епископами. Ко времени написания «Церкви перед еврейским вопросом» Бонхёффер на протяжении нескольких лет был членом международного экуменического движения — собрания представителей различных церквей, по большей части протестантских, ставивших своей целью преодоление конфессиональных различий. Бонхёффер придавал Экуменической церкви огромное теологические значение и, в отличие от других ее представителей, стремился к тому, чтобы она мыслила себя полноценной Церковью. То есть он хотел, чтобы Экуменическая церковь сознавала себя не просто как организация христиан-единомышленников, а именно как Церковь, как тело, черпающее свой авторитет из присутствующего Христа и возвещения Его слова. Из такого понимания Экуменической церкви следовало восстановление идеи церковного совета, по большей части забытой в протестантизме. Именно эту Экуменическую церковь Бонхёффер хотел наделить правом принятия решения о прямом политическом провозвестии. Следовательно, чтобы понять, что Бонхёффер понимал под призывом «перехватить это колесо», следует разобраться с тем, как он понимал прямое политическое провозвестие Экуменической церкви, принимающее форму конкретной заповеди.

Конкретная заповедь

Идею конкретной заповеди Бонхёффер наиболее подробно развивает в лекции 1932 года «О богословском основании работы мирового союза церквей», которую он прочел на заседании экуменического движения. Он начинает с критики экуменического движения за нехватку теологического фундамента, в частности теологического сознания себя как Церкви [Там же: 69]. Бонхёффер призывает экуменическое движение, как он часто делал в экуменических кругах, мыслить себя не столько как гуманитарную организацию, основанную на неких принципах и стремящуюся к неким целям, сколько как Церковь, основанием которой выступает Слово Божье. Касательно «мирового союза» его интерес состоял в том, чтобы сформулировать представление о том, как Церковь может способствовать миру именно *как Церковь*. Отметим параллель с текстом «Церковь перед еврейским вопросом»: в обоих случаях он призывал к тому, чтобы Церковь участвовала в решении политических проблем — в первом случае проблемы мира, во втором «еврейского вопроса» — именно как Церковь.

Церковь должна участвовать в решении политических проблем, говорит Бонхёффер в «Церкви перед еврейским вопросом», «лишь исходя из правильного понимания того, что такое Церковь» [Там же: 133]. В соответствии с этим утверждением в лекции «О богословском основании работы мирового союза церквей» Бонхёффер предлагает такое понимание Церкви, которое могло бы обосновать церковное участие экуменического движения в решении политической проблемы мира. Развивая сюжет, знакомый нам из его собственной теологии, Бонхёффер определяет Церковь через Слово Божье, то есть через присутствие Христа: Церковь проповедует Слово в силу того, что в ней присутствует Христос. «Церковь — это Christus praesens» [Там же: 75].

По мысли Бонхёффера, присутствие личности Христа оказывает противодействие всевозможным формам интеллектуальной абстракции. Когда он говорит, что Слово Церкви — это присутствующая личность Христа, он в том числе имеет в виду, что это слово следует понимать не как интеллектуальную систему или набор принципов, которыми всегда можно манипулировать в угоду человеческим целям, но как личное слово Христа, которое предстает перед нами конкретно и экзистенциально, здесь и сейчас.

> Будучи словом, проистекающим из власти *Christus praesens*, Слово Церкви должно быть действительным для здесь и сейчас, связывающим словом. <...> Церковь должна быть в состоянии возвещать Слово Божье здесь и сейчас; понимая суть вещей, она должна говорить о Слове Божьем и его власти со всей конкретностью; в противном случае она возвещает какое-то другое, человеческое слово, слово бессилия [Там же: 76].

Таким образом, заявляя, что слово — это присутствие Христа, Бонхёффер тем самым говорит, что Слово Церкви должно быть конкретным, направленным на здесь и сейчас.

Определив Церковь как Слово присутствующего Христа и установив, что это личностное слово есть абсолютно конкретное слово, Бонхёффер далее объясняет, что это слово — двойное, слово заповеди и Евангелия [Там же: 75]. Это значит, что слово выражается одновременно и в законе, и в Евангелии и что закон и евангельское слово должны иметь конкретную форму. Конкретность евангельского аспекта слова, полагает Бонхёффер, относительно непосредственна. «Евангельские слова "Твои грехи прощены", прочитанные перед общиной во время проповеди или Евхаристии, имеют такую форму, что настигают слушающего в его полной конкретности» [Там же: 77]. Евангельская весть о прощении грехов автоматически приобретает здесь конкретную форму. Точнее, слова прощения, произнесенные в проповеди, обретают конкретную форму во время Тайной вечери, этого воплощенного аккомпанемента к проповеди, так что всеобщее высказывание «Твои грехи прощены» связывается с хлебом и вином, чтобы превратиться в «Божье Слово, конкретное здесь и сейчас» [Там же: 80]. Через провозвестие в слове и таинстве, которые суть главная деятельность Церкви, евангельский аспект слова обретает свою конкретность.

Конкретная форма того аспекта слова, который соответствует закону, чуть более замысловата, считает Бонхёффер. Используя в качестве парадигмального примера закона библейскую заповедь «возлюби ближнего твоего», Бонхёффер утверждает, что закон скорее является всеобщим или универсальным, нежели конкретным, так что его нельзя непосредственно применять в конкретной ситуации: «Заповедь "Люби ближнего своего" сама по себе настолько универсальна, что требует максимальной конкретности для того, чтобы из нее можно было понять, что она означает именно для меня, именно сегодня и именно здесь» [Там же: 77]. Если Церковь попросту повторяет заповедь, как она записана в Библии — «возлюби ближнего твоего», — то заповедь не получает конкретной формы и, следовательно, не становится авторитетным Словом Божьим.

Как тогда закон обретает свою конкретность? Бонхёффер говорит: *Действительность — это таинство заповеди* [Там же: 80]. Этим он устанавливает следующую аналогию: таинство придает Евангелию конкретность, поэтому действительность делает конкретным закон. Следовательно, закон становится конкретным, когда Церковь возвещает его со знанием конкретной, современной ситуации и применительно к этой ситуации. «Следовательно, возвещающий, формулируя заповедь, должен так вовлечь в нее насущное положение вещей, чтобы сама эта заповедь затронула актуальную ситуацию изнутри» [Там же: 77–78]. Применительно к вопросу о войне Бонхёффер говорит: «Если начнется война, Церковь не должна говорить что-то вроде: "Войн вообще не должно быть" (потому что бывают и необходимые войны), предоставив каждому отдельному человеку право использовать этот принцип по своему усмотрению». Это значило бы остаться на уровне закона, не дойдя до конкретной заповеди. Скорее, говорит далее Бонхёффер, Церковь «должна говорить конкретно: "Иди на эту войну" или "Не иди на эту войну"» [Там же: 78. — *Пер. изм.*]. Закон становится конкретной заповедью, если Церковь принимает в расчет актуальную действительность, возвещая нечто не о войне вообще, но об этой конкретной войне.

Бонхёффер вводит здесь техническое различие внутри «законнического» аспекта слова — различие между самим законом и заповедью. Закон есть нечто общее и универсальное. Сам по себе он — не провозвестие, которое, поскольку оно есть слово присутствующей личности Христа, должно быть обращено к слышащему его во всей его конкретности. Заповедь же, напротив, есть нечто конкретное и особенное, такая форма закона, которая направлена на «здесь и сейчас». В заповеди закон обретает конкретность и тем самым становится Словом Божьим, обязывающим провозвестием. В случае с церковным возвещением мира абстрактный принцип желательности или нежелательности войны не будет иметь силу. Чтобы церковное слово стало провозвестием, оно должно принять конкретную форму заповеди: «"Иди на *эту* войну" или "Не иди на *эту* войну"» [Там же] (курсив мой. — *М. Д.*).

С помощью понятия конкретной заповеди, разработанного в лекции «О богословском основании работы мирового союза церквей», мы получаем концептуальную рамку, позволяющую понять прямое политическое церковное провозвестие, о котором Бонхёффер говорил в «Церкви перед еврейским вопросом». Если Церковь собирается произнести непосредственное политическое провозвестие, то это провозвестие не будет иметь евангельской формы, так же как и формы всеобщего закона. Скорее оно примет форму закона как конкретной заповеди. Это особое возвещение закона, направленное на конкретную ситуацию.

Важно помнить, что хотя конкретная заповедь сообщает форму непосредственно политическому провозвестию Церкви, это не означает, что Церковь должна как нечто само собой разумеющееся проповедовать эту конкретную заповедь. По Бонхёфферу, имеет место как раз обратное. Здесь следует помнить о «разделении труда» между Церковью и государством. Как правило, церковное слово возвещает закон в аспекте сдерживания греха, закон в духовном аспекте и Евангелие в узком смысле. Закон в его политическом аспекте (то есть закон в аспекте сдерживания греха, применяемый к обществу), как правило, находится в ве́дении государства. Однако конкретная заповедь есть не что иное, как

Государство   Церковь
                                               Слово Божье/Евангелие

                                        закон   Евангелие

                 конкретная заповедь

политическое   функция   духовное
применение   сдерживания греха   применение

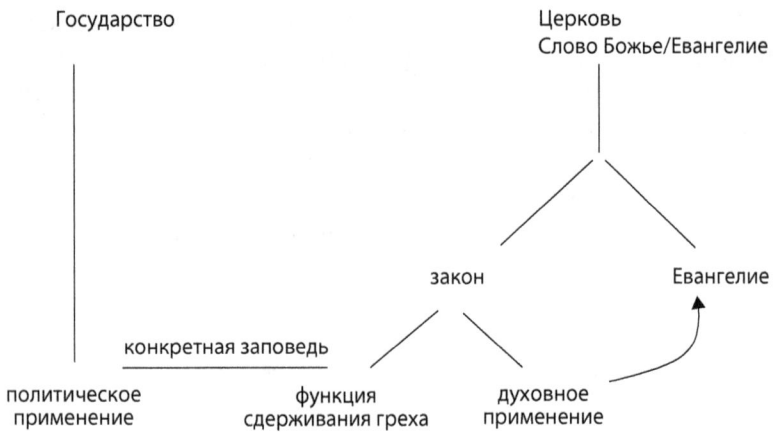

Рис. 7.1. Конкретная заповедь

церковное возвещение закона в его политическом аспекте (рис. 7.1). Другими словами, когда Церковь возвещает конкретную заповедь, она выходит за свои обычные границы. Если Церковь возвещает конкретную заповедь «Не иди на эту войну» [Там же], она вступает в политическое поле и сферу ответственности государства, поскольку решение о войне принимает именно оно. Таким образом, конкретная заповедь предстает у Бонхёффера не как часть регулярного церковного провозвестия, а как провозвестие особого рода. Это слово, предназначенное для чрезвычайных ситуаций.

Если логика конкретной заповеди лучше всего раскрывается в лекции о «мировом союзе церквей», то логика чрезвычайной ситуации, требующей такой заповеди, — в статье «Церковь перед еврейским вопросом». Критерии «беспринципности», «избытка» или «недостатка» позволяют также определить чрезвычайную ситуацию. Когда государство не справляется со своей задачей по защите прав и порядка и ведет себя «беспринципно», Церковь должна преступить существующие в нормальной ситуации границы своего провозвестия и отважиться возвестить конкретную заповедь, или, что то же самое, прямое политическое слово. Эта ситуация описывается и в «Церкви перед еврейским вопросом», и в лекции о «мировом союзе церквей», хотя и несколько менее подробно.

В чем же состоит особое содержание конкретной заповеди? Бонхёффер проясняет это в лекции о «мировом союзе церквей». Он рассматривает ситуацию, когда государство призывает к войне не ради сохранения мира (что было бы легитимной оборонительной войной), но ради расширения территории, руководствуясь националистическими мотивами. Поскольку такое государство больше не исполняет функцию порядка сохранения, Бонхёффер призывает к вмешательству Церкви, подчеркивая, что такое вмешательство должно будет принять форму конкретной заповеди: «Не иди на эту войну». В статье «Церковь перед еврейским вопросом» рассматривается ситуация, когда государство пренебрегает своим мандатом, преследуя евреев (что ведет к недостатку закона и порядка), и одновременно выходит за границы этого мандата, диктуя Церкви, как ей следует обращаться с евреями (что ведет к избытку закона и порядка). Действуя подобным образом, государство демонстрирует, что оно не осознает себя в качестве порядка сохранения, вместо этого руководствуясь расовыми и псевдомессианскими представлениями. В «Церкви перед еврейским вопросом» Бонхёффер не уточняет содержание необходимой в данной ситуации конкретной заведи, оставляя право решения относительно этой заповеди за Экуменическим советом. Но, основываясь на параллелях с лекцией о «мировом союзе церквей», можно предположить, что здесь была бы уместна двойная конкретная заповедь: отменить несправедливый «арийский параграф» и не вторгаться в область мандата Церкви с целью принудить ее ввести «арийский параграф» у себя.

То, что Бонхёффер считал конкретную заповедь (или прямое политическое слово Церкви) чрезвычайной мерой, указывает нам, что он отнюдь не приветствовал вмешательство Церкви в политику. Такое вмешательство не должно становится регулярной церковной практикой. В нормальной ситуации, согласно Бонхёферу, порядки сохранения, особенно государство, исполняют вверенные им Богом мандаты. В нормальной ситуации Церкви не нужно и не следует делать прямых политических деклараций. В конце концов, истинным делом Церкви является возвещение Евангелия, которое не является политическим в узком смысле этого слова, то есть не касается создания и обеспечения законов. Задача конкретной заповеди состоит, безусловно, не в том, чтобы закрепить за Церковью роль политического игрока. Как говорит Бонхёффер в «Церкви перед еврейским вопросом»:

> Однако этот третий род действия Церкви [перехватить колесо, конкретная заповедь], который в определенной ситуации ведет к конфликту с наличествующим государством, — это парадоксальное выражение последнего признания государства с ее стороны, ибо Церковь осознает, что она призвана к тому, что защищать и сохранять государство от него самого [Там же: 140].

Цель конкретной заповеди — вернуться к нормальной ситуации, где государство и Церковь исполняют вверенные им мандаты. Она стремится к тому, чтобы государство стало действовать иначе, так чтобы государство и Церковь смогли вернуться к своим обычным делам. Если воспользоваться традиционной терминологией, конкретная заповедь стремится восстановить различие двух царств.

Глава 8
Чрезвычайное исповедание

Если Церковь находит нужным перехватить само это колесо, обратить конкретную заповедь против нацистского государства в ответ на принятый им «арийский параграф», то она, пишет Бонхёффер, оказывается *in statu confessionis*. Эта латинская фраза возникает не только в статье «Церковь перед еврейским вопросом», но и других его текстах, написанных в 1933 году [12: 371–373, 425–432]. Если бы перед нами стояла задача отыскать одну идею или фразу, отражающую реакцию Бонхёффера на лихорадочные события того года, мы едва ли нашли бы что-то лучше, чем понятие *status confessionis*.

Но что оно означает? Ответ на этот вопрос прольет свет на сформулированную Бонхёффером концепцию прямого политического слова Церкви и подготовит почву для осмысления вопроса, который по большей части нами еще не рассматривался, а именно реакции Бонхёффера на притеснение евреев, которую мы проанализируем в девятой главе. Понятие *status confessionis* послужит нам для этой дальнейшей цели, поскольку оно выступает связующим звеном между первой частью статьи «Церковь перед еврейским вопросом», где рассматривается главным образом реакция Церкви на действия государства в свете принятия «арийского параграфа», и второй частью, где речь прежде всего идет о том, как Церкви следует относиться к этническим евреям в своих рядах.

Что такое *status confessionis*

Status confessionis — это позиция исповедания, которую можно сравнить с позицией свидетеля, вызванного в суд для дачи показаний. Идея свидетельствования играет большую роль в Новом Завете, где предметом свидетельства являются жизнь, смерть и воскресение Христа, а также сама истина Евангелия. После новозаветного периода христианской истории «исповедниками» называли тех, кто пострадал за свое свидетельство о Евангелии. Это позволяет нам понять, что Бонхёффер призывает Церковь исповедовать Евангелие, даже если за это придется принять страдания. Такая идея исповедания веры разделяется всеми направлениями христианства. Истоки же специального понятия *status confessionis* лежат в лютеранском диспуте, известном как спор об адиафоре. Это был один из многих диспутов, разразившихся в период между смертью Лютера в 1546 году и принятием в 1577-м Формулы согласия — лютеранского конфессионального документа, который закрепил официальные решения по всем этим диспутам.

Прежде чем погрузиться в детали спора об адиафоре, полезно вспомнить ряд исторических обстоятельств. Император Священной Римской империи Карл V долгое время хотел установить в империи религиозное единство, избавившись от лютеран. И он получил такую возможность после урегулирования ряда внутренних и внешних конфликтов вскоре после смерти Лютера. Он укрепил союз с папством и приступил к борьбе с протестантами. Его военная кампания оказалась успешной, и он смог сломить оборону князей, поддерживавших протестантизм. На религиозном фронте союз папы и императора также принес успех. В результате указов, известных как Аугсбургский и Лейпцигский интеримы, император и папа получили возможность восстановить в лютеранских церквах многие католические литургические практики, от которых протестанты прежде отказались. Это привело к так называемому спору об адиафоре, то есть спору среди лютеран о том, следует ли принимать изменения в своей церковной практике, навязанные папой и императором посредством вышеупомянутых интеримов.

Термин «адиафора» обычно переводится как «безразличные вещи» и встречается в определении Церкви, сформулированном в Аугсбургском вероисповедании в 1540 году. Церковь — это

> ...собрание святых, в котором верно преподается Евангелие и правильно отправляются Таинства. И для истинного единства Церкви достаточно согласия относительно учения о Евангелии и отправлении Таинств. Нет нужды в том, чтобы человеческие традиции, то есть обряды или церемонии, учрежденные людьми, были везде одинаковыми [Книга согласия: 28][1].

В этом определении Церкви проводится различие между Евангелием и адиафорой. Евангелие (включая проповедь, исповедание веры и богословие) выступает определяющей чертой Церкви. В противоположность ему, адиафора — это все то, что относится к церковным порядкам и практикам, и в Аугсбургском вероисповедании говорится, что не они определяют Церковь.

Это определение Церкви, сформулированное в Аугсбургском вероисповедании, различает Евангелие и адиафору и служит ориентиром для единства Лютеранской церкви. Достаточно, чтобы лютеранские церкви были едины в Евангелии, тогда как единство в адиафоре не требуется — например, в вопросе о том, нужно ли священникам носить ризу. Каждая лютеранская церковь может решать это самостоятельно. Чего она не может делать, оставаясь при этом лютеранской церковью, так это не проповедовать Евангелие. Такое определение адиафоры было принято в Аугсбургском вероисповедании в 1540 году, до того как Карл V издал упомянутый интерим.

Теперь мы понимаем, почему интерим спровоцировал вопрос об адиафоре. Различные церковные практики, восстановленные папой и императором среди лютеран, подпадали под область адиафоры. Интеримы не предписывали ничего относительно доктрины или проповеди и в этом смысле не касались Евангелия.

---

[1]   Далее Книгу мы будем цитировать по следующему образцу: [КС: номер страницы]. — *Примеч. пер.*

Вводимые ими изменения ограничивались адиафорой — церковными ритуалами и практиками. Спор об адиафоре был богословским диспутом о том, следует ли принять эти изменения или нет.

Одну из сторон этого диспута занимали филиппписты, называвшиеся так по имени своего лидера, соратника Лютера Филиппа Меланхтона. Они в конечном итоге согласились на эти изменения, обосновывая это идеей адиафоры, изложенной в Аугсбургском вероисповедании. Они утверждали, что этим изменениям в церковной практике сопротивляться не следует, поскольку они подпадают под область адиафоры, а не Евангелия. Чтобы оставаться правоверными, лютеранским церквям достаточно продолжать проповедовать Евангелие. Таким образом, апеллируя к различию между Евангелием и адиафорой, Меланхтон и его последователи смирились с навязанными изменениями.

По другую сторону этого диспута были гнесиолютеране, или истинные лютеране, которых возглавлял Маттиас Флациус. В отличие от Меланхтона, Флациус считал, что эти изменения не относятся к кругу безразличных вещей, поскольку император, навязывая эти изменения, вторгается в область церковной юрисдикции. Он утверждал, что для того чтобы император не смог занять плацдарм для атак на реформированную веру, нужно сопротивляться всем императорским попыткам регулировать дела религии, даже тем, что относятся к адиафоре.

Формула согласия вынесла авторитетное решение адиафорального спора, заняв сторону гнесиолютеран против филиппистов. Оно было сформулировано в X артикуле, который носит название «О церковных обрядах: которые [обычно] называют адиафора (adiaphora), или непринципиальными вопросами» [КС: 620] и отражает позицию Флациуса. Поскольку интерпретация *status confessionis*, сформулированная Бонхёффером в 1933 году, в значительной степени следует позиции Флациуса, которая легла в основу X артикула Формулы согласия, будет полезно кратко рассмотреть логику этого артикула.

В десятом артикуле Формулы согласия утверждается, что существует «[истинная] адиафора, или непринципиальные вопросы», то есть «церемонии церковных обрядов, которые не были ни заповеданы, ни запрещены в Слове Божьем, но учреждены в Церкви ради доброго порядка и пристойности» [Там же]. Это внешние непринципиальные вещи, которые церковная община «имеет власть... изменять» [Там же]. Тем самым Формула согласия повторяет сказанное в определении Церкви, сформулированном в Аугсбургском вероисповедании: есть вещи, относящиеся к адиафоре, которые в обычных обстоятельствах Церковь может изменять, не ставя под угрозу Евангелие.

Однако статус адиафоры меняется, когда «требуется прямое [и твердое] вероисповедание» [Там же: 621]. В оригинале здесь стоит фраза *in casu confessionis*, которую Формула заимствует у Флациуса и которая, претерпевая ряд лингвистических трансформаций, возникает в текстах Бонхёффера уже как *in statu confessionis* [DeJonge 2017: 205–206]. «Время для исповедания» наступает в случае преследований, когда враги Слова Божьего хотят изгнать чистое учение святого Евангелия. В таких случаях «от нас требуется прямое [и твердое] вероисповедание». В такие времена вероисповедования «мы не должны уступать врагам в отношении adiaphora (таких непринципиальных вопросов)» [КС: 621]. Таким образом, Формула согласия утверждает, что есть вещи, относящиеся к адиафоре, которые в обычных обстоятельствах Церковь вольна изменять, однако во времена гонений на Евангелие требуется исповедование, которое не допускает никаких компромиссов даже в непринципиальных вещах.

В десятом артикуле Формулы согласия подробно рассматриваются две особые ситуации преследования, два типа случаев, когда Церкви следует остерегаться каких-либо компромиссов, даже относительно адиафоры. Первая ситуация — когда изменений в адиафоре хотят добиться «посредством насилия [давления] или хитрости» [Там же: 770], причем руками «мирских правителей и господ», а также тех, которые «не желают быть истинными епископами» [Там же: 772]. Это явная отсылка к происходившим тогда изменениям в церковной практике, инициированным политическими властями (особенно императором Карлом V), которые поощрялись (папой римским) или принимались впавшими в заблуждение религиозными лидерами (филиппистами).

В Формуле согласия действительно сказано, что различия в церковных обрядах и церемониях относятся к непринципиальным вопросам, однако лишь *до тех пор*, пока эти различия служат евангельской цели. Если ношение ризы в одной из церквей помогает священникам проповедовать Евангелие, пусть носят ризы. Если в другой церкви, наоборот, ношение ризы мешает проповеди Евангелия, носить ее не следует. В отношении Евангелия все это суть адиафора. Однако совсем другое дело, когда эти изменения в адиафоре навязываются извне — политическими властями, которые преследуют свои политические цели, или властями религиозными, которые принимают эти изменения ради некоей политической выгоды, а не ради служения Евангелию. В этом случае адиафора перестает быть непринципиальным делом. Во времена преследований все эти вопросы церковных обрядов и практик, в других обстоятельствах непринципиальные, получают теологическое, или евангельское, значение.

Почему это так? Какое богословское положение оказывается затронуто в случае, когда изменения в адиафоре диктуются не логикой Евангелия, а внешними мотивами? Богословское положение, о котором здесь идет речь, это положение о природе, объеме и свободе церковной власти. Церковь свободна сама определять свои церемонии и обряды, руководствуясь Евангелием. Положение о церковной власти нельзя отделить от положения о природе и объеме власти политической, которую сегодня мы зовем государственной. Таким образом, затронутый здесь богословский вопрос на самом деле касается основания и границ обеих властей — духовной и мирской. Говоря лютеранским языком, речь идет о различии двух царств. Структура этих двух царств, а с ней и церковной и государственной власти, оказывается под угрозой, если вопросы адиафоры начинают подчиняться не духовной, а политической логике.

Теперь обратимся ко второму примеру, в котором угроза Евангелию ставит Церковь в ситуацию исповедания. Это происходит в случае, когда к вопросам адиафоры начинают относиться так, будто они «необходимы для праведности и спасения». Эта проблема рассматривается в Формуле согласия в свете позиции апостола Павла относительно обрезания. Для него обрезание относится к адиафоре, то есть к «непринципиальным вопросам»: некоторые ранние христианские общины практиковали обрезание, другие нет. Такие внешние различия, согласно тому толкованию павловской позиции, которого придерживается Формула согласия, не должны быть причиной разрыва между общинами. Такая интерпретация адиафоры является возвращением к исходной позиции, сформулированной в Аугсбургском вероисповедании. Однако когда «лжеапостолы принуждают к обрезанию для учреждения своей ложной доктрины (то есть настаивая на том, что дела Закона необходимы для праведности и спасения)» [Там же: 770], Павел отказывается уступить. Спор об обрезании рассматривается здесь как архетипический случай: Павел считает обрезание непринципиальным вопросом, или адиафорой, покуда другие не начинают считать обрезание необходимым для спасения.

Еще раз: то, что было ранее безразличным, приобретает теперь теологическое значение. Почему? Когда к адиафоральным вещам начинают относиться как к «необходимы[м] для праведности и спасения», это признак того, что изменение во внешнем порядке проистекает из ереси или ложного учения, а именно из веры в то, что дела закона необходимы для праведности. Так, в первом веке «иудействующие» настаивали на необходимости обрезания, делая таким образом адиафоральный вопрос центральным. Этим они продемонстрировали, что пали жертвой еретического законнического прочтения Евангелия. В соответствии с истолкованием позиции Павла, принятым в Формуле согласия, настаивать на обрезании для христиан — значит настаивать на исполнении иудейского закона как условии, необходимом для следования Христу. Но евангельское послание состоит в том, что Христос не требует никаких предварительных условий для того, чтобы за ним последовать. Говоря лютеровским языком, мы оправданы помимо дел закона, а обрезание как раз и является одним из таких дел. Следовательно, настаивать на обрезании — значит сводить на нет евангельскую весть, интерпретируя ее в законническом ключе. Когда адиафоральные вопросы ложно отождествляют с самой сутью Евангелия, истинная

Церковь должна это отвергнуть, поскольку такое отождествление принижает весть о ничем не заслуженной благодати. На кону здесь уже не непринципиальные церемониальные практики, но сама суть Евангелия, оправдание.

Такова, следовательно, разработанная в Формуле согласия логика *status confessionis*, которая соответствует гнесиолютеранской традиции, связанной с именем Маттиаса Флациуса. Сказать, что Церковь находится *in statu confessionis*, — значит сказать, что само Евангелие оказалось под двойной угрозой: внешней угрозой со стороны политических властей и внутренней со стороны ложного учения. Хотя и может показаться, что эта угроза затрагивает лишь второстепенные и непринципиальные вещи (адиафору), на самом деле под вопрос поставлено само Евангелие. Конкретные евангельские ценности, которые оказались здесь под угрозой, — это, с одной стороны, различие двух царств, которое попирается в случае, когда государство диктует Церкви условия, и, с другой стороны, весть об оправдании, которая теряет силу, когда непринципиальные вещи начинают рассматриваться как необходимые для спасения. Эта двойная угроза ставит Церковь в особую позицию исповедания. Церковь должна удержаться на высоте своего положения, заново утвердить свободный характер оправдания, а также основания и границы мирской и духовной власти, проистекающие из вести об оправдании, а именно различие двух царств.

Status confessionis в 1933 году

В 1933 году Гитлер начал принудительно приводить все стороны общественной жизни в соответствие с нацистским мировоззрением. Это затронуло и Церковь: например, была создана должность рейхепископа, которая должна была отражать принцип фюрерства. Возникла угроза того, что гражданский «арийский параграф», запрещавший евреям занимать некоторые гражданские должности, будет распространен и на Церковь: христиан еврейского происхождения могли запретить в священстве или вывести их в отдельные приходы. В свете таких политических решений и перспектив Бонхёфферу стало ясно, что нацистское государство желает диктовать Церкви свои условия. В то же время в рядах Церкви было множество тех, кто был вполне готов согласиться с подобным государственным вторжением. Движение «немецких христиан» получило контроль над различными руководящими органами протестантских церквей, зачастую весьма охотно воплощая в жизнь гитлеровские идеи.

Таким образом, в 1933 году политическая власть — Гитлер и нацистский режим — начала диктовать свою волю Церкви. Одна из церковных фракций, представленная главным образом движением «немецких христиан», оказала этой воле теологическую поддержку. Тем, кто знаком с конфессиональной историей лютеранства, параллели ситуации 1933 года с ситуацией XVI века покажутся поразительными. В 1540-х, как и в 1933-м, попытки властей установить политическое единообразие затронули и Церковь: церковная политика при охотном содействии отдельных групп внутри Церкви стала преследовать политические цели и пользоваться при этом государственными средствами. Именно на это сходство указывал Бонхёффер, прибегая к понятию *status confessionis*.

Бонхёффер выделяет две угрозы, которые ставят Церковь в позицию исповедания: внешняя угроза вмешательства и внутренняя угроза еретического «законничества». Признание этих угроз отражено в статье «Церковь перед еврейским вопросом», где он впервые публично использует понятие *status confessionis*. Первая часть статьи посвящена угрозе государственного вмешательства, вторая — угрозе еретического законничества.

Внешняя угроза вмешательства фигурирует в первой части и интерпретируется как избыток закона и порядка. Формально этот «избыток» возникает в случае, когда государство преступает границы своего мандата и вторгается в область мандата Церкви. В качестве примера приводится ситуация, когда государство законодательно предписывает Церкви, как ей следует обращаться с евреями. Государство может, к примеру, запретить Церкви проповедовать евреям, потребовать от нее создать особые приходы для евреев-христиан, запретить им занимать те или иные церковные должности и так далее [Бонхёффер 2024в: 140; 12: 425]. В каждом из этих случаев речь идет об изменениях в церковном порядке и практике, инициированных политической властью. Здесь повторяется то, что имело место в Лютеранской церкви XVI века, когда политические власти заново ввели отвергнутые ранее церковные практики. Если государство законодательно предписывает Церкви действовать в отношении евреев определенным образом, это означает, если воспользоваться терминологией Формулы согласия, что «мирские правители и господа» [КС: 772] «посредством насилия [давления] или хитрости» [Там же: 770] навязывают Церкви то, что на самом деле относится к адиафоре.

Внутренняя угроза Церкви исходит от ложного учения, или ереси, особенно от ереси законничества. Бонхёффер рассматривает этот сюжет во второй части статьи «Церковь перед еврейским вопросом», где пытается ответить на вопрос: учитывая

> ...то, что в отношении еврея независимо от его религиозной принадлежности, но лишь из-за его национальности государство вводит специальные законы. <...> Какова [должна быть] позиция Церкви по отношению к крещеным евреям, которые являются членами христианских общин? [Бонхёффер 2024в: 133].

Теперь, когда государство дискриминирует евреев на основании расы, как Церковь должна понимать место христиан — этнических евреев? Заостряя вопрос: учитывая введение гражданского «арийского параграфа», как Церковь должна относиться к проблеме церковного «арийского параграфа»?

Бонхёффер сперва отмечает, что церковная дискуссия об «арийском параграфе» опирается на такое понимание еврейства, которое отражает точку зрения государства, а не самой Церкви. Государство понимает еврейство биологически и расово, опираясь на «сомнительн[ую] с биологической точки зрения концепци[ю] "еврейской расы"» [Там же: 144]. Именно расовым пониманием еврейства мотивирован «арийский параграф», запрещающий евреям занимать определенные должности. Поэтому, если церковный «арийский параграф» будет принят, это будет означать, что Церковь соглашается с таким пониманием еврейства, и уже не важно, будет ли это навязанным государством решением или собственным выбором. Если расовая логика «арийского параграфа» приведет в конечном итоге к исключению евреев из христианских церквей, это будет означать, что иудеохристиане определяются исходя из расы, как христиане еврейской расы.

Церковь, продолжает Бонхёффер, понимает иудеохристиан иначе, поскольку для нее еврейство[2] — «не расовое, но религиозное понятие» [Там же]. Объясняя церковное религиозное понимание еврейства, Бонхёффер обращается к Посланию к Галатам, где Павел спорит с ранними христианами, настаивавшими на необходимости обрезания. В десятом артикуле Формулы согласия этот же самый спор рассматривается как парадигмальный для понимания логики адиафоры. Иудеохристиане здесь — это те, кто считает обрезание необходимым условием следования за Иисусом, тогда как языкохристиане, — согласно интерпретации павловской логики, принятой Формулой согласия, — это те, кто отвергает это ложное учение, в котором иудейский закон выступает предварительным условием веры во Христа. Из этого спора Бонхёффер выводит обобщенное религиозное определение иудеохристиан и языкохристиан:

> Иудео-христиане, с точки зрения Церкви Христовой, это не крещенные в христианство люди еврейской расы, а те, кто ставят условием принадлежности к народу Божиему, к Церкви Христовой соблюдение некого Божественного закона. И наоборот, языкохристианин не знает никакой иной предпосылки для принадлежности к народу Божиему, к Церкви Христовой, кроме Божьего призыва через Его Слово во Христе [Там же: 145].

---

[2] В английском, как и в немецком, нет различия между «еврейством» и «иудейством», «евреем» и «иудеем» (Jew, Jude), то есть нет отдельного термина для этнического еврея, из-за чего ход мысли Бонхёффера трудно передать на русский язык, где это различие как раз есть. В контексте данной полемики мы далее будем говорить о «евреях» как об «иудеях», в противном случае смысл всей языковой игры будет утерян. — *Примеч. пер.*

Таким образом, Бонхёффер выводит из этого библейского сюжета именно религиозное, или теологическое, а не расовое определение еврейства. Иудеохристиане, согласно религиозному, или теологическому, определению, суть те, кто независимо от своего расового или этнического происхождения считает, что их принадлежность Церкви определяется соблюдением закона.

Интерпретируя библейский спор об обрезании, Бонхёффер тем самым формулирует концепцию иудейского и языческого христианства и применяет эти категории к современной ситуации. Ключевой момент здесь — это аналогия между расовым единообразием и обязательным обрезанием: и первое и второе соответствует делам закона. Исходя из этой аналогии, всякая церковная группа, руководствующаяся расовыми критериями при принятии в свои ряды (и распространяющая расовую логику, на которой основывается «арийский параграф»), будет принадлежать к иудейской форме христианства. Так, Бонхёффер соединяет современную ситуацию с новозаветным спором об обрезании, иронически отождествляя «немецких христиан», выступавших за чистоту арийской расы, с иудеохристианами первого века, настаивавшими на необходимости обрезания. Но такое иудеохристианство впадает в ересь «законнического» толкования Евангелия. Те, кто исключает этнических евреев из немецких церквей, считают, что тем самым они защищают Церковь, однако, согласно Бонхёфферу, такое исключение делает Церковь ложной Церковью, поскольку ведет к церковному расколу [Там же: 147; 2: 428]. Руководствуясь такой интерпретацией ереси и раскола, Бонхёффер утверждает, что распространение «арийского параграфа» на внутренние дела Церкви и изгнание из нее евреев угрожает саму существу Церкви [Бонхёффер 2024в: 147; 12: 372, 425]. Короче говоря, сторонники церковного «арийского параграфа» несут угрозу Церкви, поскольку отменяют Евангелие оправдания.

Можно подумать, что Бонхёффер, прибегая к понятию *status confessionis* и заявляя, что на кону стоят сами Церковь и Евангелие, реагировал чересчур остро. В конце концов, можно возразить, что в конечном итоге все эти вопросы, связанные с отношением

Церкви к евреям, не затрагивают ни бытия Церкви, ни евангельского послания, и что речь идет всего-навсего о внешних предметах. Молятся ли христиане еврейского происхождения вместе с «арийскими» христианами или нет — это вопрос церковной практики и, следовательно, относится к области адиафоры. Таков был бы аргумент филиппистов в контексте 1933 года. И Бонхёффер в ряде мест действительно рассматривает это возражение. Он представляет позицию «немецких христиан» следующим образом: «Мы не хотим отнимать у евреев [определяемых через расу] их христианство, они просто должны иметь собственную церковную структуру. Таким образом, речь идет лишь о вопросе внешнего устройства Церкви» [Бонхёффер 2024в: 153]. "Арийский параграф" — это adiaphoron... он не затрагивает исповедание Церкви» [Там же: 159]. Таким образом, позиция «немецких христиан» состоит в том, что «арийский параграф» не затрагивает сущности Церкви или исповедания, что он не принципиален для нее и ее послания и касается лишь ее внешней формы.

Бонхёффер последовательно отбрасывает подобные аргументы, опираясь на гнесиолютеранскую логику. Хотя эта логика и дает о себе знать в статье «Церковь перед еврейским вопросом», более явно она присутствует в тексте под названием «Ложное учение в Исповедующей церкви?». Здесь рассматривается не «арийский параграф», а проблема создания особых церковных комитетов. Как и распространение «арийского параграфа» на Церковь, создание этих комитетов будет изменением церковного порядка по инициативе государства и при поддержке «немецких христиан». Именно в ходе этой полемики Бонхёффер формулирует наиболее полный ответ на утверждение, что изменения, затрагивающие форму Церкви, касаются лишь адиафоры.

Бонхёффер начинает с того, что соглашается с утверждением своих оппонентов о различии «*между исповеданием и церковным порядком*». По одну сторону — теология, Евангелие и исповедание, по другую — церковный порядок, практики и ритуалы, то есть это различие между Евангелием и адиафорой, сформулированное Аугсбургским вероисповеданием. «Немецкие христиане», как и филиппписты задолго до них, утверждают, что такое различие между Евангелием и адиафорой позволяет изменять церковный порядок. Как и авторы Формулы согласия, Бонхёффер с этим соглашается. Он признает, что «лютеранское учение утверждает, что церковная община вольна самостоятельно устанавливать свой порядок во благо провозвестия» [14: 703]. Таким образом, форма христианства может меняться в угоду содержанию.

В «Церкви перед еврейским вопросом» Бонхёффер, как это ни удивительно, допускает существование приходов, целиком состоящих из этнических евреев, покуда выполняются определенные условия, то есть покуда этот особый церковный порядок служит делу Евангелия. В пример он приводит иудеохристианский альянс, существовавший в Лондоне [Бонхёффер 2024в: 146]. Поскольку, как заявлено в Аугсбургском вероисповедании, церковная община определяется Евангелием, во внешних вопросах допускается разнообразие. И, следуя логике Формулы согласия, «собрание Божье везде и всегда имеет... власть... согласно собственным обстоятельствам надлежащим и приличествующим образом [изменять обряды]» [КС: 769. — *Пер. изм.*]. Для Бонхёффера это позволение «приличествующим образом» изменять церковный порядок распространяется даже на учреждение приходов, состоящих исключительно их этнических евреев.

Согласившись с утверждением «немецких христиан», что различие между Евангелием и адиафорой обосновывает внесение изменений в церковный порядок, Бонхёффер далее прибегает к аргументу гнесиолютеран. Он утверждает, что

> ...*in statu confessionis*, то есть когда на Церковь оказывают внешнее давление, церковные порядки также становятся частью исповедального статуса Церкви, от которого Церковь, сохраняя верность Евангелию, не может отступить... *In statu confessionis исповедание и церковный порядок становятся едины* [14: 703–705].

(Параллели с позицией Флациуса здесь неслучайны. Бонхёффер цитирует книгу Флациуса «Об истинной и ложной адиафоре», а также десятый артикул Формулы согласия, воспроизводящий аргумент Флациуса.) Бонхёффер говорит, что *in statu confessionis* различие между Евангелием и адиафорой исчезает, поскольку адиафора отождествляется с существом Евангелия. Тогда Евангелие и в самом деле оказывается под угрозой.

Далее в «Церкви перед еврейским вопросом» Бонхёффер использует гнесеолютеранский аргумент о роли адиафоры в ситуации экзистенциальной угрозы Церкви. Постоянные обращения Бонхёффера к понятию *status confessionis* в его ранних текстах, посвященных церковной борьбе, — отнюдь не какой-то риторический изыск, а выражение логики, лежащей в основании его сопротивленческой мысли. Церковь должна оказать сопротивление — через особое исповедание, — когда существо Церкви и Евангелия оказывается под угрозой, исходящей от преступающего свой мандат государства или же от еретического искажения Евангелия. Учитывая теперь вторую часть статьи «Церковь перед еврейским вопросом», мы можем сказать, что это особое исповедание, которое пытается помыслить Бонхёффер, должно включать два компонента. Первый мы уже упоминали — это конкретная заповедь, посредством которой Церковь непосредственно вторгается на территорию политики, чтобы восстановить правильный порядок отношений мирской и духовной власти (сопротивление четвертого типа). Второй компонент — это обновленное исповедание свободной евангельской вести, которая обращена к язычникам и евреям, арийцам и неарийцам.

Глава 9
Сопротивление государству и притеснение евреев

Из перспективы сегодняшнего дня нам кажется, что главной чертой нацистского режима было притеснение, преследование и массовое убийство евреев. Отчасти потому мы склонны считать, что сопротивление нацизму было ответом на притеснение евреев. То же самое обычно относят и к Бонхёфферу. Его близкий друг и биограф Эберхард Бетге писал: «Нет сомнений, что главной мотивацией Бонхёффера принять активное участие в политическом заговоре было положение евреев в Третьем рейхе» [Bethge 1981: 76]. Бетге находит истоки этой «главной мотивации» в принятых в 1933 году законах против евреев, тем самым подразумевая, что даже в этот ранний период церковной борьбы действия Бонхёффера были обусловлены главным образом его отношением к преследованию евреев. В качестве доказательства Бетге ссылается на статью «Церковь перед еврейским вопросом», где Бонхёффер заявляет, что «Церковь безусловно обязана служить жертвам любого общественного строя, в том числе и тем, кто не принадлежит к христианской общине» [Бонхёффер 2024в: 139]. Предложенное Бетге объяснение сопротивления Бонхёффера весьма типично. И среди исследователей, и среди широкой публики бытует представление, что непосредственной причиной сопротивления Бонхёффера было его несогласие с притеснением евреев [Haynes 2006: 33].

Однако подобное истолкование его мотивов опровергается другими его утверждениями, которые демонстрируют безразличие к притеснению евреев и даже могут показаться антиеврейскими. В той же статье Бонхёффер пишет:

> Христова Церковь никогда не забывала о том, что «избранный народ», распявший на кресте Спасителя міра, несет проклятие своего деяния на протяжении долгой истории страданий. «Евреи — самые несчастные люди среди всех народов Земли, они страдают тут и там, странствуют туда и обратно, у них нет никакого определенного места, где они могли бы чувствовать себя дома... они пребывают в постоянных тревогах, их отовсюду гонят...» (М. Лютер). Но история страданий этого народа, возлюбленного и наказанного Богом, стоит под знаком последнего возвращения израильского народа к своему Богу. И это возвращение означает обращение Израиля ко Христу [Бонхёффер 2024в: 142].

Бонхёффер воспроизводит здесь традиционные христианские представления о евреях как об избранном Богом народе, который был проклят за то, что отверг и убил Христа, — проклят до тех пор, пока он не обратится и не вернется ко Христу. Подобные настроения едва ли служат выражением солидарности с евреями. Скорее те, кто их разделяет, будут испытывать удовлетворение оттого, что нацистский режим попирает права евреев, поскольку страдания евреев можно будет описать как лишь еще один эпизод в долгой истории божественного проклятия, висящего над этим народом. Трудно понять, как из подобных фрагментов можно выстроить нарратив о Бонхёффере-сопротивленце, боровшемся ради евреев.

Чтобы придерживаться нарратива, подобного тому, который воспроизводят Бетге и ряд других авторов, необходимо игнорировать или преуменьшать значение проблематичных утверждений Бонхёффера о евреях. Распространенная в таких случаях стратегия — указывать на ряд непоследовательностей в тексте «Церковь перед еврейским вопросом», при этом напоминая, что на начальных этапах церковной борьбы свои мысли о евреях и сопротивлении Бонхёффер излагал «на лету». Однако, как я уже говорил, сопротивленческая мысль Бонхёффера уже ко времени написания этой статьи была поразительно устойчивой и выражалась им очень последовательно. В целом Бонхёффер — достаточно последовательный мыслитель, чтобы держаться принятых им дистинкций и определений на протяжении нескольких абзацев. В конце концов, эти два процитированных высказывания о евреях составляют один и тот же текстовый фрагмент.

Однако есть и другое объяснение истоков сопротивления Бонхёффера, которое лучше согласуется с его различными высказываниями о евреях. Бетге в своем объяснении проводит прямую связь между притеснением евреев и его сопротивлением государству. Сопротивленческая логика Бонхёффера здесь выглядит так: поскольку государство преследует евреев, такому государству следует сопротивляться. Согласно же интерпретации, которую мы развиваем в этой главе, в наиболее последовательных формах сопротивления, которые рассматривал Бонхёффер, связь между притеснением евреев и сопротивлением государству оказывается не прямой, а опосредованной другими соображениями. Такими соображениями являются, например, доктрина двух царств (как она представлена в первой части статьи «Церковь перед еврейским вопросом») и доктрина об оправдании (как она представлена во второй части).

Другими словами, чтобы понять, на чем строилось сопротивление Бонхёффера, нужно рассмотреть его сопротивление в свете его теолого-политической системы взглядов. Задача данной книги — представить эту систему взглядов, делая особый упор на вопросе о сопротивлении государству. Ради названной цели вплоть до этой главы я по большей части оставлял без внимания вопрос о том, какое место в сопротивленческой мысли Бонхёффера занимала тема преследования евреев. Аргумент, стоящий за таким подходом (я проясню его в настоящей главе), состоит в том, что мы едва ли сможем понять, какое место в мысли Бонхёффера занимает связь между притеснением евреев и сопротивлением государству, если не поймем всего комплекса его богословских и политических взглядов, ключевыми моментами которого являются доктрина об оправдании и различие двух царств. Более того, учитывая, какое значение Бонхёффер придает различиям между разными типами сопротивления, всякое объяснение связи между притеснением евреев и сопротивлением государству должно принимать в расчет эти разные формы сопротивления. Далее в этой главе я рассмотрю проблему притеснения евреев в контексте его теолого-политического понимания сопротивления, которое до сих пор я рассматривал в свете вопроса о том, как разные типы сопротивления (описанные в «Церкви перед еврейским вопросом») связываются у Бонхёффера с притеснением евреев.

Два царства

Посмотрим сперва на то, как притеснение и сопротивление соотносятся между собой в рамках сопротивления первого типа — индивидуальной или гуманитарной реакции на несправедливые действия государства. Несправедливость, о которой здесь идет речь, — это антиеврейское положение об «арийском параграфе» [Там же: 133–134], и именно его имел в виду Бонхёффер, когда призывал отдельных людей и гуманитарные организации принуждать государство действовать по справедливости. Эта первая форма сопротивления действительно прямо вытекает из притеснения евреев со стороны государства. Однако, признавая это обстоятельство, следует указать, что в «Церкви перед еврейским вопросом» главным агентом сопротивления выступает Церковь. Ключевой вопрос первой части статьи, как его формулирует Бонхёффер, заключается в том, как *Церковь* [должна] оценива[ть] эти действия государства» [Там же: 133–134] (курсив мой. — *М. Д.*).

Второй тип сопротивления Бонхёффер связывает непосредственно с Церковью, точнее с ее диаконической функцией, состоящей в том, чтобы «перевязывать раны тех, кто попал под колеса [государственной машины]» [Там же: 139]. Он настаивает, что «Церковь безусловно обязана служить жертвам любого общественного строя, в том числе и тем, кто не принадлежит к христианской общине» [Там же]. Здесь он, вероятно, выражает свою солидарность с евреями наиболее решительно, и связь между притеснением евреев и церковным сопротивлением здесь и в самом деле оказывается непосредственной. Эти строки дают наиболее сильное текстуальное подтверждение интерпретации Бетге, согласно которой к сопротивлению Бонхёффера подтолкнуло именно несогласие с притеснением евреев. Однако нам известно, что Бонхёффер перечисляет и другие типы сопротивления, и то, как именно он это делает, подрывает аргумент Бетге, как мы увидим далее.

Третий и четвертый типы сопротивления соответствуют церковной функции слова, и оба они являются реакцией на «избыток» или «недостаток» порядка, производимого государством. Там, где церковное сопротивление выступает реакцией на «недостаток» порядка, это реакция на притеснение евреев, состояние их «бесправия» [Там же: 137]. Здесь Бонхёффер вплотную подходит к тому, чтобы призвать Церковь высказаться против притеснения евреев, однако эту церковную защиту евреев нужно рассматривать в контексте двух других соображений.

Во-первых, идея закрепленных за евреями прав опосредована идеей мандата государства. Бонхёффер рассматривает проблему «недостатка» порядка в категориях задач и обязанностей государства, а не прав индивидов или групп. Поэтому вопрос о правах евреев он затрагивает лишь мимоходом, перед тем как снова обратиться к вопросу о мандате государства, который в логике его аргумента играет более существенную роль. Притеснение евреев — это лакмусовая бумажка, выявляющая характер данного государства [Strohm 1989: 175–179]. Таким образом, хотя притеснение евреев и толкает Церковь на путь сопротивления посредством слова, вопрос о притеснении опосредован более глубоким вопросом о характере государства.

Во-вторых, идея прав евреев опосредована идеей свободы Церкви от вмешательства государства. Хотя бесправное положение евреев и побуждает Церковь к сопротивлению посредством слова, проблеме «недостатка» порядка Бонхёффер уделяет куда меньше внимания, чем проблеме «избытка». В разделе, где он рассматривает случаи беспринципного поведения государства, производящего «избыток» или «недостаток» порядка, Бонхёффер по большей части сосредоточен не на бесправии, свидетельствующем о пренебрежении государством своим мандатом, а на вторжении государства на территорию Церкви, свидетельствующем о неправомерном расширении пределов государственного мандата.

Итак, хотя Бонхёффер и призывает Церковь сопротивляться посредством слова в ответ на притеснение евреев, логика его аргумента следует описанной выше структуре двойного опосредования. Он кратко рассматривает вопрос о правах евреев, а затем переходит к вопросу о невыполнении государством его мандата, что выражается в «недостатке» порядка (и что соответствует первому опосредованию). Далее он переходит к более насущной для него проблеме — ситуации, когда государство вторгается в сферу Евангелия, что соответствует «избытку» порядка (и второму опосредованию). Поэтому мы едва ли можем говорить, что церковное сопротивление посредством слова находится в прямой связи с преследованием евреев. Напротив, оказывается, что между проблемой притеснения евреев и проблемой сопротивления имеется двойное опосредование: во-первых, они опосредованы вопросом о надлежащей роли государства, и во-вторых, вопросом о евангельской свободе Церкви перед лицом государства.

Два вопроса, структурирующие это двойное опосредование — вопрос об основаниях, задачах и пределах государства и вопрос о евангельской свободе Церкви перед лицом государства, — являются, конечно, также двумя аспектами доктрины о двух царствах. Говоря кратко, в первой части «Церкви перед еврейским вопросом» озабоченность Бонхёффера притеснением евреев и церковное сопротивление посредством слова опосредуются теологической проблематикой двух царств, которая имеет центральное значение для его теолого-политического мышления и структурирует первую часть его статьи.

Если бы, следуя интерпретации Бетге, мы сказали, что главным основанием для сопротивления в первой части статьи оказывается протест против притеснения евреев, нам пришлось бы как-то учитывать тот неудобный факт, что в статье встречаются не только утверждения о солидарности с евреями, но и утверждения, демонстрирующие к ним безразличие. И если мы считаем сопротивление

Бонхёффера реакцией на положение евреев, нам придется сделать вывод, что его сопротивленческая мысль непоследовательна.

Однако если при чтении первой части статьи мы будем учитывать, что главным вопросом для Бонхёффера здесь является правильный порядок взаимоотношений между духовной и мирской властью, предписанный Евангелием оправдания, то мы увидим, что его аргумент на самом деле весьма последователен и логичен. Бонхёфферу важно, чтобы Церковь должным образом проповедовала Евангелие оправдания, а государство поддерживало закон и справедливость. В той степени, в какой притеснение евреев, переходящее определенный рубеж, свидетельствует о неспособности государства поддерживать закон и справедливость, от Церкви требуется оказать государству сопротивление. В предельном случае от нее требуется исповедальное восстановление различия двух царств, угроза которому исходит со стороны мирского царства. В контексте защиты от этой угрозы за призывом Бонхёффера к сопротивлению должно последовать выражение солидарности со страдающими евреями. Однако в то же самое время притеснение евреев само по себе не может быть главной заботой Церкви. Будь это так, действия Церкви свелись к «морализаторств[у] по каждому отдельному случаю» [Бонхёффер 2024в: 136] и речь ее не была бы основана на Евангелии. Другими словами, если бы главной и непосредственной заботой Церкви было несправедливое обращение с евреями (или любые другие несправедливые действия государства), она была бы не Церковью, а гуманитарной организацией. Тогда Церковь сама несла бы угрозу правильному порядку отношений двух царств. В контексте защиты от этой угрозы утверждения Бонхёффера о евреях кажутся нам безразличными или черствыми. И те утверждения, что служат выражением солидарности, и те, что демонстрируют кажущееся безразличие, могут быть правильно поняты, лишь если мы соотнесем их с центральным для Бонхёффера вопросом о двух царствах.

Кажущаяся противоречивость Бонхёффера в вопросе о преследовании евреев в «Церкви перед еврейским вопросом» — то, что в одних местах он выражает горячую солидарность с евреями, а в других явное безразличие — не является противоречивостью самого его аргумента (Бонхёффер укореняет этот аргумент в своей концепции двух царств и анализирует проблему несправедливости в отношении евреев именно через нее). Мы замечаем противоречие лишь в том случае, если ожидаем от Бонхёффера, что он будет понимать политическую задачу Церкви в соответствии с нашими собственными представлениями, а не его. Мы склонны считать, что Церковь всегда должна выступать против государственной власти (причем исходя из «моральных» и «гуманитарных» оснований, согласно формулировке Бонхёффера), когда нарушаются права индивидов или групп. Но именно такое понимание политической задачи Церкви Бонхёффер и отвергает. Противоречие не в самой мысли Бонхёффера, а между его теолого-политической перспективой и нашей. Я вернусь к этому вопросу позже, в разделе «Заключение».

Конечно, дело не только в том, что в одних местах Бонхёффер выражает солидарность со страданиями евреев, а в других демонстрирует безразличие. Думать так — значило бы исключить третий класс утверждений о страданиях евреев, которые, как может показаться, демонстрируют не безразличие, но враждебность к евреям или даже то, что сегодня мы назвали бы антииудаизмом. Они встречаются в первой части «Церкви перед еврейским вопросом», во фрагменте, который мы цитировали в начале этой главы. Здесь Бонхёффер обвиняет евреев в богоубийстве и говорит о них как о про́клятом народе, лишенном корней, что имеет в христианской традиции долгую предысторию.

Главная мысль, проговариваемая Бонхёффером в этом отрывке, касается особой ответственности церковного провозвестия перед евреями. Бонхёффер считает, что еврейский народ был избран Богом, но трагически отверг Его в лице Христа. Особая задача Церкви состоит в том, чтобы вернуть евреев обратно к Богу в лице Христа. Однако причина, почему Бонхёффер прибегает к этому аргументу, шире: он хочет показать, насколько глубоко государство вторглось на территорию церковного мандата. Государство с его мессианскими амбициями пытается, как говорит Бонхёффер, «"решить" "еврейский вопрос"» [Там же: 143] Однако лишь Церкви, согласно Бонхёфферу, известно истинное положение евреев, то есть их отдаление от Бога, и потому лишь Церковь силой своего провозвестия может вернуть их обратно. Понять этот фрагмент, содержащий ряд антииудейских высказываний, можно лишь изнутри более широкого контекста, где его цель — показать, что государство преступило границы своего мандата и вторглось в область мандата Церкви. Таким образом, эти антииудейские высказывания сопряжены с ключевой для Бонхёффера проблемой — проблемой различия двух царств.

Оправдание

В более короткой второй части статьи «Церковь перед еврейским вопросом» речь идет о другой форме притеснения евреев — о возможном исключении из церквей христиан еврейского происхождения. Бонхёффер решительно возражает против этого исключения и в этом смысле выступает в защиту прав евреев. Однако и здесь вопрос о правах евреев опосредуется другим, несомненно, более насущным вопросом.

В этом случае вопрос касается самой сущности Евангелия — универсального характера его послания, не требующего каких-либо предварительных условий, а также сущности Церкви как сообщества, собравшегося вокруг провозвестия. Вероятно, цель всякого особого провозвестия будет состоять в том, чтобы заново утвердить сущность Евангелия и Церкви. В особых обстоятельствах (то есть *in statu confessionis*) такое провозвестие, вероятно, и в самом деле будет сопровождаться прямым обращением к евреям и их приглашением к полноценному участию в церковной жизни. Однако речь здесь не идет о защите, скажем, права евреев на свободу вероисповедания саму по себе. Скорее это провозвестие о Евангелии и Церкви, которое в данных обстоятельствах включает в себя то, что в других случаях оставалось бы адиафорой — расу и этничность. Чтобы подчеркнуть, что Евангелие обращается к людям независимо от их этнического происхождения, Евангелие в этих особых обстоятельствах должно ясно продемонстрировать, что его призыв обращен также и к евреям (см. также [12: 371–373, 425–432]). Как я показал в восьмой главе, непосредственной причиной состояния исповедания является не притеснение евреев само по себе, но угроза, которую исключение евреев представляет для евангельской сущности Церкви.

Но и в этой части статьи содержатся высказывания, которые сегодня мы бы сочли антииудейскими. Ключевым для аргумента Бонхёффера является предложенное им определение еврейства. «Немецкие христиане» хотели изгнать иудеохристиан, понимая еврейство через этничность и расу. Бонхёффер же отвергает такое расовое понимание еврейства в пользу религиозного, где оно определяется через «законничество». Для Бонхёффера христиане могут стать «евреями» независимо от этничности — если они настаивают, что закон является предварительным условием для слышания Евангелия. И поскольку «немецкие христиане» настаивают на таком законе, а именно на «арийскости» как предварительном условии для слышания Евангелия, они-то, согласно его определению, и оказываются настоящими иудеохристианами. С точки зрения риторики это весьма умный ход, однако он также демонстрирует, что Бонхёффер разделял ряд предрассудков «немецких христиан» о евреях или по меньшей мере готов был их пустить в ход ради подкрепления своего аргумента. Одним из таких предрассудков является, к примеру, традиционное для христиан карикатурное представление о евреях как о законниках. Другими словами, здесь подразумевается, что назвать кого-то евреем — значит оскорбить его.

Из сказанного выше следует, что между притеснением евреев и его сопротивлением государству нет прямой связи. Конечно, притеснение и сопротивление в мышлении Бонхёффера связаны, однако их связь опосредована более широкой теологической и политической перспективой: евангельское послание понимается в ней через оправдание, а политическая оптика строится на различии двух царств. Мы сможем вполне понять сопротивленческую мысль Бонхёффера, если будем смотреть на нее не как на прямой ответ на преследование евреев, а как на выражение его теологической и политической перспективы.

Глава 10
Вторая битва церковной борьбы

В октябре 1933 года Бонхёффер принял пастырство над двумя лондонскими церквями, прихожанами которых были главным образом проживающие в Лондоне немцы. Отъезд из Германии в эти неспокойные времена может показаться странным шагом, и не все друзья и коллеги Бонхёффера смогли понять его решение. Он справедливо полагал, что великий швейцарский теолог Карл Барт, бывший в то время для него кем-то вроде наставника, не одобрит это решение. Когда Бонхёффер уже после отъезда наконец ему об этом сообщил, в ответ он получил гневное письмо. Барт писал: «Я не могу сказать ничего кроме: "Возвращайтесь как можно скорее на ваш пост в Берлине!"» [13: 39]. Бонхёффер этого не сделал и остался в Лондоне до апреля 1935 года. И когда он все-таки вернулся в Германию, он сделал это не для того, чтобы снова ввязаться в берлинские политические баталии, а чтобы возглавить недавно созданную семинарию Исповедующей церкви в ретритном центре на балтийском полуострове Цингст, а позже — в Финкенвальде, в двухстах километрах к юго-востоку от современной Польши. В глазах окружающих все выглядело так, будто Бонхёффер, столь молниеносно отреагировав на события 1933 года, предпочел тем не менее не участвовать в драматической церковной борьбе.

Его тексты, написанные в Финкенвальде, могут лишь подтвердить такой вывод. Главные публикации этого периода, «Хождение вслед» и «Жить вместе», сегодня считаются классикой духовной и религиозной (devotional) литературы. Они значительно отличаются от многих его более ранних текстов и, на первый взгляд, посвящены универсальным темам христианской жизни, а не конкретным обстоятельствам стремительно меняющегося политического ландшафта Германии.

Все это может создать впечатление, что в этот период — после возвращения в Германию из Лондона в 1935 году и до недолгой поездки в Нью-Йорк в 1939-м — последовавший за временем открытого и публичного сопротивления на ранних этапах церковной борьбы и предшествовавший участию в заговоре в последние годы его жизни, Бонхёффер отказался от сопротивления. Однако его собственные свидетельства противоречат этой версии, поскольку задачу этого времени он называл второй битвой церковной борьбы [Там же: 135][1]. Главное сочинение этого периода, «Хождение вслед», если читать его исходя из исторического контекста и собственной интерпретации Бонхёффера, изложенной в серии писем, предстает отчасти сопротивленческим текстом.

Конкретная заповедь и сущность Церкви

Вспомним, что сопротивление Бонхёффера в 1933 году было сосредоточено прежде всего на церковном Слове, в том числе на возвещении конкретной заповеди. Хотя, как мы видели, Бонхёффер говорит о нескольких формах сопротивления, наиболее действенной, последовательной и авторитетной является конкретная заповедь, то есть прямое политическое провозвестие закона. На такое сопротивление Церковь решается в чрезвычайной ситуации, спровоцированной действиями государства, которое беспринципно пренебрегло своим мандатом.

Примечательно, что хотя Бонхёффер публично призывал Церковь к этому особому провозвестию, в личных беседах он выражал сомнения в том, что она на это способна. В письме

---

[1] Моя интерпретация этого перехода от первой ко второй битве церковной борьбы опирается на исследование Флориана Шмица [Schmitz 2013: 265–402].

своему другу Хельмуту Рёсслеру от 25 декабря 1932 года он пишет: «Я думаю, мы согласны в одном — в том, что наша Церковь сегодня неспособна огласить конкретную заповедь» [12: 83]. Сразу после призыва к Экуменической церкви (в докладе о «мировом союзе церквей») огласить конкретную заповедь мира в противовес германскому милитаризму и всего лишь за несколько месяцев до того, как он снова повторит этот призыв уже в контексте критики антиеврейской политики нацистского государства в статье «Церковь перед еврейским вопросом», Бонхёффер признается своему другу, что он считает Церковь неспособной на необходимое в этих чрезвычайных обстоятельствах провозвестие.

В чем была причина этих сомнений? Как пишет Бонхёффер в том же письме, вопрос состоит в том, коренится ли неспособность Церкви к возвещению конкретной заповеди «в самой ее природе — то есть во внутренних ограничениях eschata [последних вещей] — или же является признаком отступничества и утраты ее субстанции» [Там же]. Его друг Рёсслер, который, по-видимому, разделял убежденность Бонхёффера в неспособности Церкви возвестить конкретную заповедь, видел причину в эсхатологической ограниченности Церкви: Церковь неспособна возвестить конкретную заповедь из-за несовершенства своей природы, поскольку она существует лишь до свершения времен. Для Рёсслера эта неспособность закономерна, поскольку в этом греховном мире природа Церкви ограниченна. Однако Бонхёффер не согласен с такой трактовкой. Церковь *должна* быть способна возвестить конкретную заповедь, однако «сегодня она неспособна на это» из-за «отступничества и утраты своей субстанции». Согласно Бонхёфферу, причина состоит в утрате Церковью ее субстанции.

Сказать, что Церковь утратила свою субстанцию, — это, конечно, серьезное обвинение. Оно равносильно утверждению, что «сегодня наша Церковь» на самом деле уже не является Церковью. Как бы драматично ни звучало это утверждение, оно логически следует из понимания Церкви как носителя Слова, которого придерживался Бонхёффер. Если в данный момент необходимо возвестить конкретную заповедь, но Церковь на это неспособна, то она перестает быть Церковью. Серьезность этого обвинения можно проинтерпретировать в свете вопроса о церковном сопротивлении. Если конкретная заповедь является для Церкви высшей формой политического сопротивления и если Церковь неспособна возвестить ее из-за утраты своей субстанции, значит, Церковь неспособна к сопротивлению.

В мае 1934 года была издана Барменская декларация и была создана Исповедующая церковь. Барменская декларация отвергла нацистское государство на основании Евангелия, и некоторые из ее подписантов внимательно следили за тем, как ее примут в экуменической среде. Разве это не доказывает, что опасения Бонхёффера, высказанные в 1932 году, были беспочвенны? Можно подумать, что своими действиями Церковь опровергла все опасения Бонхёффера.

Конечно, Бонхёффер искренне поддержал Барменскую декларацию и с головой ушел в работу Исповедующей церкви. Однако его письма этого периода показывают, что эти победы он считал лишь первыми шагами на большом пути. Эти события не устранили опасения Бонхёффера относительно церковной субстанции, но лишь усилили их. Теперь Исповедующая церковь должна была идти путем, который был намечен в Бармене, но она не могла бы этого сделать, если бы она утратила свою субстанцию.

Вскоре после выхода Барменской декларации, в июле 1934 года, Бонхёффер написал письмо Рейнгольду Нибуру, содержащее следующие строки: «Опасность, исходящая от ортодоксального, так сказать, нетронутого церковного тела, на Западе очень велика, и я нахожу весьма вероятным, что однажды такая Церковь станет самым верным союзником государства» [13: 183]. Он говорит здесь о западных регионах Германии, где из-за относительной малочисленности «немецких христиан» Церковь не раскололась между «немецкими христианами» и Исповедующей церковью. Эти церкви он называет «нетронутыми» в противоположность «расколотым» церквям Берлина и примыкающих к нему областей [Там же: 189 n. 5]. В «катастрофической» ситуации, которую предвидит Бонхёффер, эти «нетронутые» церкви войдут в государственную орбиту.

Перед лицом этих постоянных вызовов Бонхёффер заявляет (в другом письме), что церковная борьба до сих пор была «лишь предварительной стычкой» перед «второй, настоящей битвой» [Там же: 189–190] (см. также [Там же: 134–136, 182–184]). Эта вторая битва разразится уже после Бармена и, вероятно, именно благодаря ему. Задачей этой второй битвы, считает Бонхёффер, будет «создание почвы, которая позволит нам надежно стоять и возвещать Христа» [Там же: 190]. Другими словами, задача в том, чтобы установить и укрепить церковный авторитет Слова и особенно провозвестие конкретной заповеди. Создать почву, поддерживающую это провозвестие, — значит спасти субстанцию Церкви, как было сказано в письме Рёсслеру.

В связи с этим возникает вопрос: что в этом контексте следует понимать под субстанцией Церкви? Чтобы ответить на него, нужно понять, в каких именно ситуациях Бонхёффер призывает Экуменическую церковь возвещать конкретные заповеди. В докладе 1934 года «Церковь и мíр наций», прочитанном перед представителями Экуменической церкви на датском острове Фанё, он призывает Церковь отвергнуть набирающий обороты милитаризм и возвестить конкретную заповедь мира между народами. Он говорит: «...для мира нужно мужество. Это великая задача... Мир означает — полностью вверить себя закону Божьему, не стремится к безопасности, но в *вере и повиновении* вверить судьбу народов в руки Всемогущего Бога, а не отдавать ее на откуп эгоистических устремлений» [Там же: 309] (курсив мой. — *М. Д.*). Отметим, что церковную задачу возвещения конкретной заповеди Бонхёффер формулирует в категориях веры и повиновения. Годом позже он напишет:

> Будет ли оправдана надежда, возложенная на Экуменический совет протестантских церквей... выскажется ли он о войне, расовой ненависти и социальной эксплуатации... все это зависит от нашего собственного *повиновения* стоящему перед нами вопросу и от того, как Бог распорядится нашим повиновением [14: 412] (курсив мой. — *М. Д.*).

Исходя из этого мы можем сделать предварительный вывод, что способность Церкви возвестить конкретную заповедь каким-то образом зависит от веры и повиновения. Действительно, на протяжении всего финкенвальдского периода вопрос о соотношении веры и повиновения был для Бонхёффера центральным.

Хождение вслед как сущность Церкви

В «Хождении вслед» Бонхёффер трактует тему веры и повиновения исходя из лютеранской традиции, где правильное соотношение веры и повиновения или, другими словами, веры и дел было предметом очень долгих споров. Вспомним вторую главу трактата «Свобода христианина», где Лютер дает ставшую классической формулировку оправдания. В этой брошюре 1520 года идея оправдания верой выдвигается в качестве коррективы к идее праведных дел, то есть римско-католической концепции спасения, как понимал ее Лютер, согласно которой оправдание частично проистекает из совершения дел, предписанных законом. Поскольку Лютер считал, что такая концепция противоречит идее незаслуженного, свободного дара спасения, он настаивал, что оправдание исходит исключительно из божественной благодати, а не из наших заслуг, и что благодать эта обретается через веру, а не дела. Таким образом, центральная доктрина лютеранской богословской традиции сформулирована как противоположность идее праведных дел.

Лютеровское понимание оправдания столь радикально и очевидно расходится с идеей оправдания праведными делами, что его часто ложно интерпретировали как антиномизм. Если идея оправдания праведными делами ставит оправдание в зависимость от дел закона, то антиномизм утверждает, что, поскольку оправдание абсолютно свободно, в делах закона нет необходимости. Лютер рассматривает это ложное толкование уже в самом трактате «Свобода христианина», отвечая тем, кто, «услышав об этой свободе веры, немедленно обращают ее в повод для плоти, полагая, что теперь им все позволено» [Лютер 1994: 49]. Нам уже известно благодаря анализу темы «применений» закона, что Лютер не отвергал дела закона полностью. Закон по-прежнему является божественным законом, и его необходимо соблюдать. Лютеровская концепция оправдания не имеет целью это оспорить. Она оспаривает идею, будто исполнением закона можно заслужить спасение. Антиномистам, использующим доктрину об оправдании в угоду плоти, Лютер возражает: «Наша вера во Христа освобождает нас не от дел, но от ложного отношения к делам — от глупой предпосылки о том, что оправдание достигается делами» [Там же: 50].

Таким образом, уже в 1520 году любая формулировка лютеранской доктрины об оправдании должна была не только отрицать ошибочную идею оправдания делами праведности, но и быть защищена от неверной антиномической интерпретации. Поиск подобного баланса будет отныне главной задачей лютеранской теологии. Самому Лютеру в ходе множества дебатов придется защищать свою позицию от обвинений в антиномизме, и тот факт, что авторам Формулы согласия придется высказаться по этому вопросу, демонстрирует, что эта проблема не была окончательно решена и после смерти Лютера. Кажется, что всякий, кто отстаивает лютеранскую доктрину об оправдании, должен уметь показать ее отличия от антиномизма. Если рассуждать в категориях веры и дел (или веры и повиновения), лютеранская концепция оправдания всегда вынуждена противостоять двум ложным истолкованиям веры и повиновения. С одной стороны, ошибка сторонников оправдания делами праведности состоит в том, что они думают, будто вера происходит от повиновения, что веру, приносящую спасение, можно заслужить делами закона. С другой стороны, ошибка антиномистов состоит в том, что они думают, будто именно потому, что спасение достигается верой, а не делами, верующий не нуждается в делах закона.

Бонхёффер возвращается к этой неизбывной проблеме лютеранской теологии в первой главе «Хождения вслед», где рассказывает историю о том, как Лютер пришел к доктрине об оправдании. Лютер пришел в монастырь, говорит Бонхёффер, повинуясь максиме о том, что «только послушный верит» [Бонхёффер 2024б: 56]. Другими словами, если ты хочешь веровать, тебе необходимо повиноваться божественным заповедям. Взятый сам по себе и доведенный до крайности, этот принцип приводит к концепции праведных дел, к идее о том, что спасающая вера — это результат добрых дел. Однако монастырский режим не укрепил Лютера в вере, а поверг в отчаяние. Он смог его преодолеть, лишь когда постиг смысл слов Павла о том, что праведные будут живы верой. Это евангельское послание, думал Лютер, переворачивает логику праведных дел, поскольку на самом деле оказывается, что «*только верящий послушен*» [Там же]. Поистине исполняет божественные заповеди только тот, кто верит. Мы не приобретаем веру нашей праведностью, мы праведны нашей верой.

До сих пор Бонхёффер рассказывал о том, как Лютеру удалось установить различие между своей концепцией оправдания и идеей спасения делами праведности. Далее он переходит к тому, как Лютер смог установить другое различие — между своей концепцией и антиномизмом. Бонхёффер подчеркивает, что лютеровская концепция отнюдь не предполагает, будто идея, что «только послушный верит», подрывает или отвергает исходный принцип, что «только послушный верит». Напротив, она его завершает и исполняет, интерпретируя повиновение как ответ или скорее причину милостивого божественного оправдания грешника. Поэтому Бонхёффер понимает содержание концепции оправдания как «*только верящий послушен и только послушный верит*» [Там же]. В концепции оправдания вера и дела идут вместе и друг от друга неотделимы.

Бонхёффер предлагает здесь парадоксальную трактовку отношений между верой и послушанием, однако эту парадоксальность можно рассматривать как выражение самой лютеранской концепции оправдания. С одной стороны, если верно, что мы оправданы верой помимо дел и послушания, то вера должна предшествовать послушанию. Истинное повиновение закону приходит только после того, как грешник, воспринявший евангельское Слово Божье, отбросил ложное повиновение закону, которое предполагается идеей оправдания делами праведности. Поэтому Бонхёффер утверждает, что повиновение *следует из* веры.

С другой стороны, было бы абсурдно представить, что грешник действительно может услышать божественное Слово и принять его в вере, при этом не повинуясь. Никто не может воспринять Слово Божье именно как Слово Божье, не начав затем действовать в соответствии с ним. Если из слышания божественного Слова не проистекает действие — значит «слышавший» его человек на самом деле его *не слышал* или не услышал в качестве *Слова Божьего*. Возможно, человек услышал его как слово проповедника и воспринял в качестве пасторского совета, которому можно следовать, а можно и не следовать, оценив предварительно характер проповедника, разумность его совета, альтернативные варианты действия и т. д. Такого обдумывания между слышанием и послушанием не происходит, если слышание — действительно слышание Слова Божьего. Божественная заповедь требует простого послушания, послушного действия, непосредственно вытекающего из слышания [Там же: 74]. Правильно понятая доктрина об оправдании предполагает тесную связь между верующим слышанием слова и послушным действием. Надлежащим ответом на Слово Божье, утверждает Бонхёффер, являются одновременно слышание *и* действие, вера *и* послушание.

Эта тесная связь между верой и послушанием является главной темой книги «Хождение вслед». Как мы видели, Бонхёффер исследует ее в том числе в связи с традиционными для лютеранства темами оправдания, праведных дел и антиномизма. Однако даже здесь он вводит новые термины, утверждая, что антиномисты довольствуются «дешевой благодатью»[2]. Дешевая благодать — это благодать без послушания. Такая позиция извращает лютеровскую концепцию божественной благодати, понимая ее как «свободу от заповедей Иисуса в мире» [Там же: 38]. Дешевая благодать принимается в вере, но без повиновения. Этому противостоит лютеровская концепция оправдания, которую Бонхёффер связывает с идеей «дорогой благодати». Здесь благодать оправдания «не избавляет человека от дел», а призывает оправ-

---

[2] В русском переводе «Хождения вслед», который мы цитируем, немецкое Gnade переведено как «милость», что само по себе не является ошибкой, но учитывая сочетания и контексты, в которых выступает это понятие в настоящей книге, было бы точнее говорить все-таки о «благодати». — *Примеч. пер.*

данного грешника к повиновению. Таким образом, Бонхёффер по-новому формулирует традиционную оппозицию между антиномизмом и правильным учением об оправдании. Оппозиция между оправданием и праведными делами отчасти отступает на второй план, поскольку, как говорит Бонхёффер, «сегодня мы сражаемся за дорогую благодать» [Там же: 31. — *Пер. изм.*]. Во времена Лютера угроза Евангелию исходила главным образом от теории праведных дел, сегодня же, считает Бонхёффер, она исходит от антиномической дешевой благодати.

Далее Бонхёффер проясняет различие между дешевой и дорогой благодатью через понятие хождения вслед. Комментируя те фрагменты Нового Завета, где Иисус призывает своих первых учеников, Бонхёффер отмечает, что ученики отвечают на Его призыв простым повиновением [Там же: 74]. Первые ученики, отвечая на Его призыв, не сверяются со своими планами и не анализируют возможные издержки и выгоды. Когда Иисус говорит «идите за Мною», они следуют за Ним, без колебаний и рассуждений. Ученики — это те, кто просто повинуются.

Такое понимание хождения вслед, когда на призыв Иисуса ученики отвечают повиновением, усиливает тесную связь между верой и повиновением, которую Бонхёффер подчеркивает в начале книги, обсуждая вопрос об оправдании. Там Бонхёффер утверждает, что божественная благодать требует не только веры, но и повиновения — никто не может говорить, что имеет веру, если при этом не повинуется. Точно так же, комментируя фрагменты Нового Завета, где говорится о хождении вслед, Бонхёффер настаивает, что те, кто не следуют за Иисусом, не являются Его учениками. Таким образом, говоря о хождении вслед, он использует библейский язык, чтобы под другим углом рассмотреть тему веры и повиновения, которая ранее в этой же книге рассматривалась в категориях лютеранской теологии.

Бонхёффер сам связывает лютеранский язык и язык Библии, сопоставляя идеи дешевой и дорогой благодати с идеей хождения вслед. «Дешевая благодать есть благодать без хождения вслед» [Там же: 33. — *Пер. изм.*]. В противоположность этому дорогая благодать есть «призыв Иисуса Христа, в ответ на который ученик оставляет сети и идет вслед. <...> Она дорога́, поскольку зовет идти вслед...» [Там же]. Другое имя для дорогой благодати, — которое уже есть другое имя для истинного лютеранского учения о вере и повиновении, — это хождение вслед. Аргумент Бонхёффера таков: правильно понятое оправдание есть хождение вслед.

Теперь нам понятно, что главная тема «Хождения вслед» — это нераздельность веры и повиновения в правильном учении об оправдании, трудной благодати и хождении вслед. В этом смысле «Хождение вслед» обращается к извечным богословским и библейским темам. Однако сейчас нам следует вспомнить выводы, к которым мы пришли ранее в этой главе: во-первых, Бонхёффер полагает, что Церковь неспособна проповедовать необходимую конкретную заповедь из-за утраты своей субстанции, и во-вторых, он считает, что сущность Церкви каким-то образом связана с темами веры и повиновения. Соединяя эти выводы с тем, что мы только что сказали о хождении вслед, мы приходим к тому, что Церковь — это хождение вслед.

Если это предположение верно, если сущность Церкви, об утрате которой беспокоится Бонхёффер, действительно может быть понята как хождение вслед, тогда, вероятно, хождение вслед, определяющее Церковь, будет связано у Бонхёффера с возвещением Слова. Он и в самом деле говорит об этом в своих лекциях о гомилетике, прочитанных семинаристам в Финкенвальде. В записях этих лекций мы встречаем следующие слова: «Истина и действительность проповеди зависят от формы существования самой Церкви, а значит — от *хождения вслед... повиновения* заповедям Иисуса Христа» [14: 491]. Церковь только тогда в полную силу может возвещать свое Слово, когда идет вслед. В статье «Церковь перед еврейским вопросом» и примыкающих к ней текстах мы видели, что высшей формой сопротивления Бонхёффер считает церковное Слово. Здесь же он обращает внимание на форму существования Церкви, которая с необходимостью это Слово сопровождает. Если Церковь должна сопротивляться своим Словом, то она должна иметь для этого соответствующую форму существования. Сопротивляющаяся Церковь должна также быть Церковью, идущей вслед, «Церковью, чье бытие —

в следовании Христу. Только Слово такой Церкви может быть *услышано*!» [Там же]. Резюмируя, можно сказать, что сопротивляющаяся Церковь в этой второй битве церковной борьбы должна быть Церковью, идущей вслед.

В этом же фрагменте лекции о гомилетике Бонхёффер ясно дает понять, что угрозой Церкви, идущей вслед, является альтернативная ей форма церковного бытия: «*Надлежащей формой церковного бытия, формой, соответствующей истине проповеди, является не солидарность с народом, а хождение вслед, повиновение* заповедям Иисуса Христа» [Там же]. Альтернативой Церкви, идущей вслед, является Церковь, солидарная с народом, с *Volk*. Ясно, что речь идет о той альтернативе, которую Церкви навязывает «арийский параграф». Как он прямо говорит в «Церкви перед еврейским вопросом», Церковь, выступающая за принятие «арийского параграфа» или с ним соглашающаяся, виновна не только в отступлении от адиафоры, но в ереси, раскалывающей Церковь. Он говорит, что «такое принудительное изгнание [евреев]... все равно означало бы настоящий церковный раскол» [Бонхёффер 2024в: 146–147]. Раскол этот, по Бонхёфферу, проходит между теми, кто толкует Евангелие в «законническом» духе, и теми, кто собрался вокруг благодатного Евангелия оправдания, которое обращено ко всем, независимо от расы. В лекциях о гомилетике он снова описывает этот раскол. Те, кто смирился с тем, что «немецкие христиане» захватили Церковь, выбрали солидарность с *Volk* как определяющую черту их Церкви. Те, кто встал на сторону свободного Евангелия оправдания — Исповедующая церковь и, в частности, семинаристы в Финкенвальде, — выбрали Церковь, определяющуюся хождением вслед, которое, как утверждает Бонхёффер в «Хождении вслед», есть живое выражение свободного Евангелия оправдания.

Теперь, наконец, мы можем вернуться к первым строчкам первой главы «Дорогая благодать». Бонхёффер пишет: «Дешевая благодать — смертельный враг нашей Церкви. Сегодня мы сражаемся за дорогую благодать» [Бонхёффер 2024б: 31. — *Пер. изм.*]. Эти первые предложения, подводящие нас к обсуждению дешевой и дорогой благодати, следует читать как можно более конкретно, то есть как комментарий о положении Церкви в Германии в середине 1930-х годов. Дешевая благодать — смертельный враг *нашей* Церкви, говорит Бонхёффер, Церкви немецкой, существующей здесь и сейчас. *Нашей* Церкви угрожает извращение Евангелия, дешевая благодать, благодать «без хождения вслед» [Там же: 33]. Наша Церковь сегодня не следует Христу, вместо этого она выражает солидарность с народом, утешая себя дешевой благодатью. Второе предложение следует читать так же конкретно. Наша борьба сегодня, то есть наша церковная борьба, — это борьба за дорогую благодать. Борьба идет между ложной Церковью, которая стремится к солидарности с *Volk* и опорой которой служит дешевая благодать, и истинной Церковью, отстаивающей дорогую благодать и следующей за Христом.

На протяжении финкенвальдского периода Бонхёффер не отходит от сопротивления, но участвует в сопротивлении иного рода, во второй битве церковной борьбы. «Хождение вслед» — это не только размышление об извечных темах христианской теологии и духовности, но также сопротивленческое письмо, *Kampfschrift*.

Глава 11
Хождение вслед как сопротивление

Второй этап сопротивления

Чем второй этап церковной борьбы отличается от первого? Или, иначе, чем сопротивление, описанное в «Хождении вслед», отличается от сопротивления, описанного в статье «Церковь перед еврейским вопросом»? Во втором тексте Бонхёффер утверждает, что новая расистская политика нацистского режима ставит перед Церковью два вопроса. Первый, рассматриваемый в первой части статьи, состоит в том, как должна реагировать Церковь на подобные действия государства. Второй вопрос, рассматриваемый во второй части, состоит в том, как Церковь должна относиться к евреям, которые являются ее членами. Отвечая на второй вопрос, Бонхёффер показывает, что на кону стоит сама сущность Церкви. Таким образом, спрашивать о евреях, являющихся членами Церкви, в свете новой расистской политики государства на самом деле означает спрашивать: как в этих обстоятельствах Церковь может быть истинной Церковью? В этом смысле церковная борьба, как ее мыслил Бонхёффер уже в 1933 году, включает в себя две взаимосвязанные борьбы: борьбу против государства и борьбу за саму Церковь.

В «Церкви перед еврейским вопросом» борьба за Церковь, о которой идет речь во второй части, выступает во многом как теологическая, или доктринальная, борьба. Речь идет о вести об оправдании, которое безразлично к каким-либо человеческим предварительным условиям, даже к расе. Но по мере разворачивания второй битвы церковной борьбы предметом этой борьбы все больше становится не столько вопрос об истинной доктрине — хотя для Бонхёффера он всегда имел основополагающее значение, — сколько истинная форма церковной жизни. Мы уже касались этой темы в десятой главе, когда говорили о стремлении Бонхёффера сохранить субстанцию Церкви, поддерживающую ее учение и провозвестие. Эта сущность Церкви, или форма церковного бытия, которую Бонхёффер называет хождением вслед, оказывается главным предметом этой второй битвы церковной борьбы.

Когда Бонхёффер вступает во вторую битву церковной борьбы, мы видим своего рода двойное смещение. Во-первых, акцент смещается с сопротивления государству на борьбу за Церковь. Эта «вторая борьба» касается «самого христианства»,

> ...она приведет к полному расколу и раздроблению так называемых оппозиционных фронтов, к которым принадлежат те, кто стремится быть христианами. Это приведет к нашей полной изоляции, сделает невозможным смешение Церкви с церковно-политическим сообществом [13: 190].

Вторая битва — это битва за Церковь, где истинная и ложная Церковь будут строго отделены друг от друга.

Во-вторых, внутри борьбы за Церковь фокус смещается с церковной проповеди и наставления на жизнь самой общины, которая принимает форму хождения вслед. «Петр, исповедующий веру, — это Петр, идущий вслед, Петр, призванный к страданию» [Там же]. Внимание смещается с одного аспекта экклесиологии на другой, с Церкви как хранительницы Слова Христа на Церковь как Его тело. Оба эти аспекта относятся к единому понятию Церкви — один и тот же Петр исповедует веру и страдает как идущий вслед — но потребностью сего часа является хождение вслед. Таким образом, центральной задачей второй битвы церковной борьбы является сохранение подлинной формы церковной жизни — хождения вслед.

Когда акцент смещается на хождение вслед, Церковь не отказывается от проповеди и наставления, не отказывается от сопротивления государству. (См. главу 12, где показано, что на третьем этапе сопротивления Бонхёффер по-прежнему говорит о проповеди и наставлении.) Более того, хождение вслед является их фундаментом и выступает теперь самой насущной задачей. Хождение вслед — главное требование текущего момента, однако оно служит церковному Слову, и именно церковное Слово прежде всего противостоит государству. Таким образом, рассуждая о хождении вслед, Бонхёффер утверждает, что оно «создаст почву, которая позволит нам надежно стоять и возвещать Христа». «Это в целом второстепенный момент, однако именно его мы сегодня предали забвению» [Там же].

Вторую битву церковной борьбы можно рассматривать через хронологию или топологию сопротивления, о которых мы говорили ранее. Хронологически эта битва знаменует нечто новое, а именно второй этап сопротивления Бонхёффера, где фокус смещается с провозвестия Экуменической церкви на послушное страдание церковной общины, идущей вслед. Хотя «семена» этого второго этапа сопротивления мы встречаем и раньше, он берет начало в 1935 году, когда Бонхёффер становится во главе семинарии Исповедующей церкви. Эта перемена столь значительна, что хождение вслед, характеризующее этот период, следует рассматривать как пятый тип сопротивления.

В то же время этот пятый тип сопротивления логически связан с формами сопротивления, сформулированными на первом этапе. Как мы отмечали выше, хождение вслед, центральное для второго этапа, фундирует такие формы сопротивления, как проповедь и наставление (то есть третью и четвертую формы), центральные для первого. Кроме того, хождение вслед второго этапа связано со вторым типом сопротивления, с диаконическим служением. Второй тип сопротивления в статье «Церковь перед еврейским вопросом» кратко описан как «перевязыва[ние] ран тех, кто» пострадал от государственной несправедливости [Бонхёффер 2024в: 139]. Именно эта форма сопротивления становится предметом теологического осмысления в новом контексте второго этапа сопротивления. Таким образом, в ситуации, когда под угрозой оказывается сущность Церкви, Бонхёффер все больше обращается к вопросу о форме бытия Церкви. Эта форма бытия — хождение вслед, если говорить коротко — имеет две «сопротивленческие составляющие». Первая соответствует церковному сопротивлению посредством слова, вторя — сопротивлению посредством диаконического служения, к которому мы сейчас обратимся.

Страдающее, сопротивляющееся тело Христово

Хождение вслед не только служит основанием для сопротивления посредством Слова, но и само является своего рода сопротивлением. Стартовой точкой здесь снова оказывается взаимосвязь веры и послушания, поскольку формой, которую, по Бонхёфферу, должно принять послушание, является как раз хождение вслед как форма церковного бытия.

Как утверждает Бонхёффер в «Хождении вслед», с помощью веры верующий становится частью Христова тела. Телесное общение с Христом и наличие веры настолько идут рука об руку, что без этого общения вера вообще не является верой. Для первых учеников Христа, историю которых нам рассказывает Евангелие, телесное общение со Христом есть нечто прямое и буквальное. Быть в общении со Христом — значит буквально следовать за Ним, идти туда, куда идет Он. Вот почему Бонхёффер, интерпретируя новозаветный нарратив о хождении вслед, так настойчиво подчеркивает реальный, физический первый шаг, который первые ученики делают в ответ на призыв Христа. Первые слова Христа, которые слышит Петр, — «идите за Мною». И Петр оставляет свои сети и идет за Ним [Бонхёффер 2024б: 33]. Первые ученики Христа с необходимостью соединены с Христом физически: «...где их Господь, там должны быть и они» [Там же: 259].

Бонхёффер считает, что эта телесная связь с Христом определяет хождение вслед не только в Палестине первого века нашей эры, но всегда и везде, даже если после смерти, воскресения и вознесения Христа эта связь неизбежно принимает другую форму. Если первые ученики имели прямой доступ ко Христу через физическую личность Иисуса из Назарета, то теперь связь со Христом осуществляется через Церковь.

> После Пятидесятницы (Деян 2: 1–41) Иисус Христос живет на Земле в образе Своего тела — общины. <...> Поэтому быть во Христе — значит быть в общине. А если мы в общине — значит, мы истинно и телесно в Иисусе Христе. Так понятие тела Христова раскрывается во всей своей полноте [Там же: 242–243].

Однако доступ к Христу, открывающийся после Пятидесятницы, это не доступ второго порядка, поскольку Бонхёффер буквально и предельно серьезно воспринимает утверждение, что Церковь есть тело Христово [12: 323]. Многие христиане завидуют близости первых учеников к физическому Иисусу Христу, однако Бонхёффер настаивает, что в Церкви христиане находятся к Нему в такой же близости и даже, возможно, в еще большей: «...наша общность даже прочнее, полнее, увереннее, чем у них. Мы живем в полной общности с телесным присутствием прославленного Господа» [Бонхёффер 2024б: 237]. После Пятидесятницы слова Иисуса «идите за Мною» нужно переводить как «будьте в Церкви».

Это бескомпромиссное, однозначное утверждение реальности присутствия Христа в Церкви имеет огромные последствия. Если вспомнить исторический контекст, мы поймем, каковы они могли быть на практике. Бонхёффер заявил, что вера с необходимостью требует вхождения в тело Христа, что означает — членства в Церкви. Когда он писал это, в Германии существовали две противоборствующие церкви. Для него это означало, что есть Церковь истинная и ложная. Можно смело предположить, что причастность к телу Христову свершается лишь через причастность истинной Церкви. Поэтому аргумент Бонхёффера, что вера требует принадлежности к Церкви, равносилен утверждению, что спасение зависит от принадлежности к Исповедующей церкви![1]

---

[1] Именно это он утверждает в статье, написанной для ретритного центра в Финкенвальде в 1936 году, «К вопросу о церковной общине» [14: 656–678].

К тому же Бонхёффер был убежден, что ученики должны быть готовы к страданиям. «Как Христос есть Христос, только пострадав и быв отвержен, так и ученик — ученик, только пострадав, быв отвержен и со-распят (Рим 6: 6). Хождение вслед как связь с личностью Иисуса Христа возлагает на идущего закон Христа, то есть крест» [Там же: 83–84]. Иначе говоря, «хождение вслед — это связь со страдающим Христом» [Там же: 88]. На протяжении «Хождения вслед» Бонхёффер исследует причины, почему ученики претерпевают страдание. Они умирают для самих себя, облекаясь во Христа [Там же: 87], они постоянно умирают, следуя Христу [Там же: 162, 290, 293], и они терпят страдания от мира, того самого мира, который распял их Господа [Там же: 74, 106].

Вероятно, тема страдания вполне конкретно сопрягалась с опытом семинаристов в Финкенвальде, которые испытывали действительные, ощутимые трудности из-за своего решения получить рукоположение в семинарии Исповедующей церкви, а не идти проторенным маршрутом, санкционированным государством и контролируемым «немецкими христианами». Выбирая Исповедующую церковь, они рисковали своей профессией, пенсией и пасторским жильем, их юридический статус делался неопределенным, они становились объектом подозрения и слежки. Таковы некоторые конкретные формы страдания, которые принимали на себя семинаристы.

Если смотреть из этой перспективы, аргумент Бонхёффера из «Хождения вслед», что вера должна выражаться в причастности к истинной Церкви, следует интерпретировать как призыв к семинаристам из Финкенвальде оставаться в Исповедующей церкви. И именно в этом на самом деле состоит задача второй битвы церковной борьбы, в ходе которой Церковь «расколется» и будет «раздроблена», что приведет к «нашей полной изоляции» [13: 190]. Задача состоит в том, чтобы, идя вслед, пострадать и выдержать все испытания. Аргумент Бонхёффера из «Хождения вслед» о вхождении во Христа придает теологический смысл тяготам семинаристов, их страдания — это страдания учеников Христа.

Таким образом, хождение вслед принимает форму страдающей общности с Христовым телом в Церкви. Это особая форма послушания, соответствующая дорогой благодати, как ее понимает Бонхёффер. Если рассмотреть хождение вслед с точки зрения политического сопротивления, оно окажется особой формой сопротивления, которая соответствует второму этапу сопротивления Бонхёффера. Хождение вслед есть сопротивление, во-первых (косвенно), поскольку это сущность Церкви, образующая надежный фундамент для возвещения Слова Христа (третий и четвертый типы сопротивления).

Во-вторых, хождение вслед является сопротивлением (более непосредственным), поскольку Церковь служит другим людям. Когда страдающее бытие-со-Христом выражает себя как бытие-с-другими и бытие-для-других, мы оказываемся в теологической области сопротивления второго типа, которая продумана здесь полнее и тщательнее, чем в статье «Церковь перед еврейским вопросом». Бонхёффер описывает должное отношение учеников к другим людям так:

> «Благотворите ненавидящим вас». Нельзя ограничиваться словами и мыслями. Благотворение происходит во всех повседневных делах. «Если враг твой голоден, накорми его; если жаждет, напои его» (Рим 12: 20; Притч 25: 21). Как брат брату помогает в беде, *перевязывает раны*, утишает боль, так пусть поступает с врагом и наша любовь. Есть ли в мире беда больше, раны и боль тяжелее, чем у нашего врага? Можно ли кому благотворить с большей необходимостью и радостью, чем нашему врагу? «Блаженнее давать, нежели принимать» (Деян 20: 35). [Бонхёффер 2024б: 149–150] (курсив мой. — *М. Д.*).

Ученики перевязывают чужие раны.

Как и в статье «Церковь перед еврейским вопросом», в «Хождении вслед» Бонхёффер ясно говорит, что Церковь должна перевязывать раны всех, независимо от расы. «Раз мир отвергает справедливость, — пишет Бонхёффер, — то он [христианин] будет милосерден, раз мир укрывается в ложь, то он откроет уста за безгласных и станет свидетелем истины (Притч 31: 8). Ради брата, будь он еврей или грек, раб или свободный (Гал 3: 28), силен или слаб, знатен или незнатен (1 Кор 1: 26), он откажется от всякой мирской общности, ибо он служит общности тела Христова» [Там же: 263]. Ученики поступают так потому, что «Иисус говорит... благословляйте, благотворите, не ставя условий, не взирая на лица» [Там же: 148].

Следовательно, между сопротивлением Бонхёффера и его заботой о евреях соотношение такое же, как и на втором этапе сопротивления. Как было показано в девятой главе, мы едва ли можем утверждать, как это делали Эберхард Бетге и другие авторы, что сопротивление Бонхёффера было сопротивлением непосредственно ради евреев. Напротив, сопротивление первого этапа было сопротивлением ради Церкви и ее Евангелия, защищать которые означает требовать, чтобы государство действовало подобающим ему образом. Конечно, для Бонхёффера правильно функционирующее государство защищает евреев наряду со всеми другими его гражданами, а истинная Церковь проповедует Слово всем нациям. Исполняя свою диаконическую функцию, Церковь не делает различий между расами. Да, церковное сопротивление первого этапа, с точки зрения Бонхёффера, принесет пользу преследуемым евреям, однако это не сопротивление ради евреев.

Точно так же и на втором этапе сопротивления вторая битва церковной борьбы — это борьба ради Церкви. В отличие от первого этапа, сопротивление государству здесь отходит на второй план, по мере того как акцент переносится на субстанцию Церкви, что является необходимым предварительным условием церковного Слова, сопротивляющегося государству. И, в отличие от того, что было на первом этапе, борьба ведется не за чистоту церковной доктрины (хотя доктрина и остается одним из ключевых моментов), но за истинную форму жизни Церкви. Хождение вслед, характеризующее церковную жизнь, *приносит пользу* евреям постольку, поскольку призыв страдать вместе с другими и ради других распространяется и на евреев. Церковь, действительно идущая вслед, строится не на солидарности с *Volk*, но на общении с Христом, то есть с тем, кто страдал ради других. Поэтому Церковь, чье сопротивление есть форма жизни, которую Бонхёффер называет хождением вслед, будет милосердна к евреям, в отличие от «народной» Церкви. Однако Церковь борется не ради евреев, но ради своей субстанции.

Таким образом, хождение вслед — это модус бытия Церкви, который в свете вопроса о сопротивлении выражает себя двояко. Во-первых, хождение вслед — это бытие Церкви как тела Христова, которое с необходимостью сопровождает и поддерживает церковное возвещение Его Слова. Хождение вслед — это модус бытия, который лежит в основании церковного сопротивления посредством Слова. Во-вторых, хождение вслед есть форма церковного бытия-с и бытия-для других в страдании. Хождение вслед остается главным средоточием сопротивления Бонхёффера до тех пор, пока в конце 1930-х он не вступит в заговор с целью разрушения Третьего рейха.

Глава 12
Заговор

Третий этап сопротивления

В августе 1937 года глава СС Генрих Гиммлер запретил Исповедующей церкви осуществлять подготовку пасторов, а месяцем позже гестапо закрыло семинарию в Финкенвальде. Бонхёффер продолжил обучать семинаристов теперь уже в рамках подпольной сети «коллективных пасторатов». Будущие пасторы служили помощниками пасторов Исповедующей церкви, в то время как Бонхёффер и его коллеги вели обучение, курсируя между приходами и передавая письменные материалы. В течение следующих нескольких лет это и без того разбросанное сообщество еще больше сократилось из-за призыва на воинскую службу.

Бонхёфферу удалось избежать той же участи лишь благодаря целенаправленным усилиям, кульминацией которых стала эмиграция в Нью-Йорк в 1939 году. Благодаря связям, приобретенным им в 1930 году во время обучения в Нью-Йоркской объединенной теологической семинарии, он добился преподавательского места и смог вести экуменическую деятельность. Однако то, что вначале задумывалось как постоянный переезд, обернулось кратким визитом. Уже через три недели, впав в глубокую тоску, он принял решение вернуться в Германию. Причины этого решения он изложил в письме одному из профессоров семинарии — Рейнгольду Нибуру, который и помог ему с эмиграцией:

> Я пришел к выводу, что переезд в Америку был ошибкой. Я должен пережить этот тяжелый период нашей национальной истории вместе с христианским народом Германии.

У меня не будет права участвовать в восстановлении христианской жизни в Германии после войны, если во время этих испытаний я не буду вместе со своим народом [15: 210].

После остановки в Лондоне Бонхёффер прибыл в Германию.

В конце того же 1939 года Бонхёффер стал активным (хотя и второстепенным) участником заговора, целью которого было свержение нацистского режима. От своего шурина Ханса фон Донаньи, юриста из Министерства юстиции, Бонхёффер узнал о подрывных планах, зревших в военных кругах Германии. Изначально их целью было ограничить власть СС и гестапо и воспрепятствовать военным амбициям Гитлера, но в конце концов заговорщики пришли к убеждению о необходимости полного свержения нацистского режима. Они считали, что свержение будет успешным, лишь если Гитлер будет убит. На Гитлера было совершено несколько покушений — явно с ведома и одобрения Бонхёффера. Многие из заговорщиков, включая Бонхёффера и его шурина фон Донаньи, были казнены непосредственно перед окончанием войны.

Таким образом, начиная с 1939 года Бонхёффер вошёл в новый, третий этап сопротивления, ключевым событием которого было участие в военно-политическом заговоре. Подобное активное сопротивление, предполагавшее участие в заговоре и имевшее целью свержение правительства, было для Бонхёффера чем-то совершенно новым. У нас нет записей, подтверждающих, что Бонхёффер обсуждал сопротивление в форме заговора в ходе первых двух этапов своей сопротивленческой деятельности, хотя некоторые интерпретаторы ретроспективно пытались найти намеки на этот тип сопротивления в его ранних текстах [Schmitz forthcoming]. Сабин Дрэмм пишет:

Решение принять активное участие в подготовке к свержению [режима] не было принято в какой-то определенный момент. Его следует рассматривать как часть сложного внутреннего и внешнего процесса развития его жизни как целого. Оно возникло из совокупности обстоятельств, которые его окружали, и установок, которые он разделял [Dramm 2009: 6].

Вернувшись в Германию в 1939 году, Бонхёффер постепенно, но уже всерьез начал участвовать в заговоре с целью убийства Гитлера и свержения режима Третьего рейха.

Около года спустя после возвращения в Германию Бонхёффер начал работать над новой книгой. Из-за ареста в 1943 году ему не удалось ее завершить, но его друг и биограф Эберхард Бетге смог собрать рукописи и опубликовать их под названием «Этика». Благодаря этому мы имеем образ ученого теолога и пастора, который пишет книгу об этике и одновременно входит в круг заговорщиков, планирующих сомнительные с точки зрения этики тираноубийство и государственный переворот. Однако читатели, открывающие «Этику» и носящие в голове этот соблазнительный образ, могут разочароваться, не найдя у Бонхёффера эксплицитной и разработанной этической рефлексии о его заговорщической деятельности. Рассуждения об этической подоплеке такого сопротивления можно найти лишь в нескольких фрагментах, если читать их в свете того, что мы знаем о его участии в заговоре благодаря самым тщательным историческим исследованиям.

Хотя для Бонхёффера участие в заговоре было новым опытом, его рассуждения о таком сопротивлении вписываются в ту же концептуальную рамку, которая определяла ход его рассуждений обо всех остальных формах сопротивления. Как мы покажем в этой главе, участвуя в заговоре, Бонхёффер продолжал мыслить политическую жизнь через различие двух царств и порядков и соответствующим образом рассматривал отношения Церкви и государства. Более того, он продолжал отстаивать те типы сопротивления, которые он описал на предыдущих этапах. В 13-й и 14-й главах мы обратимся к тем нескольким фрагментам «Этики», где Бонхёффер рассуждает о сопротивлении-заговоре, интерпретируя их в свете его концепции политической жизни вообще и сопротивления в частности, которую мы раскроем далее в настоящей главе.

Неизменные структуры политической жизни

Политическую жизнь Бонхёффер неизменно мыслил сквозь призму концепции двух царств, свидетельством чего является, например, его статья 1939 года «Протестантизм без Реформации», начатая еще в Нью-Йорке и законченная сразу после возвращения. В одном из ее разделов, «Церковь и государство», Бонхёффер объясняет немецкой аудитории, как их взаимоотношения понимают в Америке. Он отмечает, что американское понимание отношений Церкви и государства «*не основывается на учении о двух обязанностях или двух царствах*, которым Бог повелел пребывать до скончания времен и которые исполняют свое служение кардинально различным образом». Не признавая «достоинства государства», подразумеваемого в этом учении, американские христиане сводят государство до «исполнительного органа Церкви», его «административного аппарата». Таким образом, Бонхёффер оценивает американское понимание Церкви и государства в свете учения о двух царствах, которое он продолжает считать нормативным. Следовательно, делает он вывод, «американские деноминации должны осознать необходимость этого различия» между двумя царствами [15: 452–453].

Покидая Америку, чтобы вскоре принять активное участие в заговоре, он продолжал настаивать, что учение о двух царствах является стандартом, позволяющим судить о структуре политической жизни. Как показывают различные рукописи «Этики», он продолжал настаивать на этом учении, даже входя в число заговорщиков. Таким образом, его взгляд на учение о двух царствах в ходе третьего этапа сопротивления оставался в своей основе таким же, каким он его впервые сформулировал в самом начале церковной борьбы [DeJonge 2017: 121–141].

Основополагающей для политического мышления Бонхёффера в ходе третьего этапа сопротивления оставалась и идея порядков. Кратко суммируя сказанное о ней в третьей главе, отметим, что мысль Бонхёффера о порядках прошла три этапа. В ходе первого он говорит о «порядках творения». В ходе второго, начавшегося в 1932 году, он критикует идею порядков творения, утверждая, что она является результатом псевдолютеранского искажения лютеранского мышления. Вместо этого он предпочитает говорить о «порядках сохранения». Отныне он считает, что порядки укоренены не в сотворенной природе, а в самом Христе. Благодаря отказу от идеи порядков творения в пользу порядков сохранения

Бонхёффер смог дистанцироваться от сторонников более националистических и милитаристских направлений лютеранской теологии, апеллировавших к борьбе наций и считавших, будто она санкционирована самим Богом как легитимная часть сотворенного мира. На третьем этапе происходит еще одно терминологическое изменение: Бонхёффер отказывается от «порядков сохранения» в пользу «мандатов». Это изменение объясняется в «Этике» в главе «Конкретная заповедь и Божьи наказы-поручения», где Бонхёффер рассуждает о том, как следует называть те сотворенные формы, посредством которых Господь сохраняет мир ради его последующего избавления. Он рассматривает ряд традиционных терминов — порядок, статус/звание (estate), должность/функция (office) — а затем отвергает их, поскольку все они, по его мнению, содержат в себе опасность ложной интерпретации. Это терминологическое рассуждение он заканчивает так:

> Так что, за неимением лучшего слова, мы остаемся при понятии «наказ/поручение/полномочие» (Mandat), но все-таки — с целью через прояснение самого предмета способствовать обновлению и новому обретению старых понятий «порядок/ чин (Ordnung) и должность (Amt)» [Бонхёффер 2016: 410].

Таким образом, мы видим, что его поздние размышления о мандатах продолжают его размышления на тему «порядков», традиционные для лютеранской социальной этики.

На самом деле тема мандатов в «Этике» является одной из центральных. Бо́льшая часть этой книги — это попытка концептуализировать саму идею христианской этики. В первых строках книги Бонхёффер пишет:

> Всякому, кто желает рассмотреть проблему христианской этики, должно предъявляться неслыханное требование, а именно, требование с самого начала отказаться как от неподобающих существу дела от обоих вопросов, которые вообще наталкивают человека на занятия этической проблемой: «Как я становлюсь добрым?» и «Как мне совершить нечто доброе?» Вместо этого необходимо задать другой, бесконечно далекий от этих двух, вопрос о воле Бога [Там же: 17].

Традиционно понятая этика отвечает на вопрос о том, как быть хорошим и делать добро, но христианская этика, утверждает Бонхёффер, должна быть ведо́ма божественной волей или заповедью.

Определение христианской этики через божественную волю или заповедь делает тему мандатов центральной, поскольку, как утверждает Бонхёффер, божественная заповедь для нас выражается в мандате:

> Богом в Иисусе Христе явленная заповедь в ее охватывающем человеческую жизнь единстве... [Эта заповедь] конкретно встречает нас в четырех разных и лишь самой этой заповедью объединяемых формах, [четырех мандатах]: в Церкви, в браке и семье, в культуре, в начальствующей власти [Там же: 408][1].

Согласно Бонхёфферу, христианская этика сосредоточена вокруг божественной воли, которая имеет конкретное выражение в мандатах. А потому христианская этика необходимо связана с мандатами, которые он ранее называл порядками.

Государство и Церковь

То, как Бонхёффер понимает отношения Церкви и государства на третьем этапе сопротивления, во многом согласуется с тем, как он понимал их и раньше. В программной статье «Государство и Церковь», написанной одновременно с текстами «Этики», задачу (или мандат) государства он описывает так:

---

[1] Говоря о мандатах, Бонхёффер обычно упоминает именно эти четыре. Когда же в предшествующий период он говорил о порядках, он обычно говорил о трех: о Церкви, политике и экономике. Во времена Лютера то, что сегодня мы зовем экономической деятельностью (труд, торговля и т. д.), было тесно связано с семейной жизнью. По этой причине лютеровское понятие экономики включает также и семью. Бонхёффер разделяет порядок экономики на два мандата (семья и супружество, с одной стороны, и экономика, работа и культура, с другой), фиксируя тем самым отделение экономической жизни от семейной, произошедшее в период позднего модерна.

Задача государства состоит в служении владычеству Христа на Земле посредством мирской власти меча и закона. Государство служит Христу в той мере, в какой устанавливает и поддерживает внешнюю праведность, применяя данный ему и только ему для этого меч вместо Бога [16: 514].

Здесь, как и ранее у Бонхёффера, государство получает от Бога мандат на установление предпоследних блага и справедливости посредством закона и меча.

Поскольку свой мандат государство получает от Бога, граждане должны повиноваться государственной власти. В соответствии с идеей о том, что божественная воля получает конкретное выражение в мандате государства, Бонхёффер пишет: «Требования, которые государство вменяет на основании своей власти и своей задачи, суть требования Бога, обязывающие совесть» [Там же: 516]. Поскольку христианская этика сосредоточена на воле или заповеди Бога и поскольку воля или заповедь Бога получают конкретную форму в мандате государства, христиане, желающие исполнить Его волю, обычно исполняют ее, повинуясь государственной власти. Конечно, уточняющее слово «обычно» здесь важно, и его значение будет раскрыто в 13-й главе. Но Бонхёффер, как правило — и даже во время участия в заговоре, — настаивал, что государство получает мандат от Бога, а потому ему следует повиноваться. «Повинуясь государственным властям, христиане повинуются Христу» [Там же: 522]. Как и ранее, Бонхёффер рассматривает государство как порядок сохранения, имеющий божественный мандат.

Его понимание церковного мандата проистекает из его более ранних размышлений, и чтобы это увидеть, вернемся к тому, что мы выше писали о его экклесиологии, проявляющейся в его сопротивленческой мысли. Мы видели, что Бонхёффер последовательно рассматривает Церковь из двух взаимосвязанных перспектив. С одной стороны, он определяет Церковь через возвещение Евангелия, а с другой, как сообщество, собравшееся вокруг этого провозвестия. Говоря на языке христологии, Церковь возвещает Слово Христа и *является* Его телом. Эти два аспекта друг друга предполагают. Возвещение предполагает существование церковной общины, поскольку Слово Христа может быть оглашено только присутствующим Христом. А церковная община предполагает провозвестие, поскольку она есть община, собравшаяся вокруг Слова. Таким образом, концепция Церкви Бонхёффера включает в себя церковное провозвестие и бытие-общиной.

Напомним еще раз, что оба аспекта Церкви проявляются тогда, когда Бонхёффер говорит о церковном сопротивлении. Как он подчеркивал на первом этапе сопротивления, Церковь сопротивляется посредством своего провозвестия. Как он подчеркивал на втором этапе, Церковь сопротивляется также посредством своего бытия-общиной, причем двумя способами. Во-первых, опосредованно, поскольку ее бытие-общиной, ее хождение вслед, ее определяющее, есть предварительное условие церковного провозвестия, сущность Церкви, придающая этому провозвестию авторитет. Во-вторых, непосредственно, ввиду своего бытия-телом-Христовым для других. Таким образом, понимание Церкви как Слова и тела Христа, которому следовал Бонхёффер, находит выражение в его концепции церковного сопротивления.

Все это сохраняется и на третьем этапе сопротивления и выражается в толковании церковного мандата. Главная его черта — это провозвестие. «Слово Бога, как оно возвещается в силу божественного мандата, господствует и правит над всем миром». Бонхёффер обращается ко второму аспекту этого определения Церкви, когда отмечает, что Церковь соответствует «ориентации на мир [то есть возвещению в мире] и именно в этом — ориентации на себя самоё как место Присутствия Иисуса Христа» [Бонхёффер 2016: 426–427. — *Пер. изм.*]. Таким образом, Церковь, возвещающая миру Христа, согласно второй перспективе, всегда есть общинное присутствие Христа. Следовательно, Бонхёффер, говоря о церковном мандате, снова настаивает, что Церковь определяется возвещением Слова Христа и является Его присутствием.

Бонхёффер также описывает этот двойной мандат Церкви — ее возвещение Христа и ее бытие-Христом — как ее внешнюю и внутреннюю ориентацию соответственно. В возвещении Слова, которое «господствует и правит над всем миром», Церковь «ориент[ирована] на мир». И будучи «место[м] Присутствия Иисуса Христа»,

Церковь «ориент[ирована] на себя самоё» [Там же]. Мы начинаем понимать, что «возвестительный» аспект Церкви, ее ориентированность на мир соответствуют тому, что Бонхёффер подчеркивал на первом этапе сопротивления: церковному провозвестию, особенно конкретной заповеди как его концентрированному выражению. А внутренняя ориентация Церкви, то есть ориентация на общинное бытие как тело присутствующего Христа, соответствует тому, что подчеркивалось на втором этапе, а именно хождению вслед.

Это подтверждается тем, как Бонхёффер интерпретирует соотношение церковного провозвестия и церковного бытия. Когда обращенность Церкви на саму себя ослабевает или вовсе утрачивается, или, что то же самое, когда ослабевает или утрачивается общинный характер Церкви, культивируемый, например, в «исповеди, или церковной дисциплине», тогда «Божья заповедь в проповеди понимается лишь как возвещение всеобщих нравственных принципов, которым самим по себе недостает конкретных требований». Здесь он снова говорит о том, на чем настаивал в начале 1930-х, а именно, что Церковь, утрачивая свою субстанцию, переставая «идти вслед», не может более проповедовать конкретную заповедь, а ведь именно это — главный признак ее «возвестительной» власти над миром. И он продолжает настаивать, что лекарство от этого — культивировать то, что составляет сущностную черту Церкви, хождение вслед. «Только если [Церковь] вернется к божественному институту исповеди», ключевой практике ее хождения вслед, «она вновь обретет ту конкретную этику» [Там же: 416]. Таким образом, в «Этике» Бонхёффер не только отстаивает двойственное понимание Церкви как Слова и как тела, но также повторяет тот диагноз, которым он руководствовался на первых двух этапах сопротивления: когда церковное провозвестие теряет силу, Церковь должна обратиться на саму себя, чтобы снова научиться хождению вслед, которое и поддерживает провозвестие.

Итак, мы показали, что Бонхёффер продолжает отстаивать учение о двух царствах и двух порядках, которые теперь он называет «мандатами». Он также продолжает настаивать, что государство имеет высокий, божественный мандат, переданный ему для поддержания порядка и содействия благу, и что Церковь имеет свой мандат, переданный ей как сообществу Слова для его возвещения. Весь этот комплекс — царства, мандаты, Церковь и государство — образует контуры социальной жизни, сохраняемые ради последующего избавления.

Церковное сопротивление

Как в своих самых ранних размышлениях о сопротивлении, так и на третьем этапе сопротивления Бонхёффер признавал опасность, угрожающую всему этому комплексу установлений, особенно когда государство угрожает разрушить само себя и другие мандаты. Об этой угрозе будет подробнее сказано в 13-й и 14-й главах. Сейчас же мы можем отметить, что Бонхёффер, размышляя над тем, что необходимо делать, если государство угрожает дестабилизировать эту социальную структуру, предлагает те же ответные меры со стороны Церкви, о которых он говорил на первых двух этапах сопротивления.

Бонхёффер по-прежнему убежден, что какой бы путь сопротивления ни выбрала Церковь, она должна сопротивляться именно как Церковь. Ее сопротивление не должно быть сопротивлением гуманитарной организации или индивида, реализующего свое призвание, но именно сопротивлением Церкви, сознающей себя Словом и телом Христовым. Церковь сопротивляется исходя из признания двух царств, то есть признания того, что у нее и государства разные мандаты. О специфически церковном характере сопротивления Церкви Бонхёффер говорил по меньшей мере со времени написания статьи «Церковь перед еврейским вопросом».

Вспомним, что Бонхёффер выделял три типа церковного сопротивления:

> Отсюда вытекает три возможности церковного действия по отношению к государству. Во-первых (как уже говорилось), она вопрошает государство о том, носит ли его действие легитимный характер, то есть возлагает на государство ответственность за его действия. Во-вторых, она служит

тем, кто пострадал от действий государства. Церковь безусловно обязана служить жертвам любого общественного строя, в том числе и тем, кто не принадлежит к христианской общине. «Творите добро всем». Этими двумя способами (sic!) Церковь служит независимому [от нее] государству собственным независимым [от государства] образом, и во время правовых реформ Церковь ни в коем случае не имеет права от этого отказываться. Третья возможность состоит в том, чтобы не только перевязывать раны тех, кто попал под колеса [государственной машины], но и самим вставлять палки в эти колеса [Бонхёффер 2024в: 139].

На третьем этапе сопротивления Бонхёффер все так же предлагает Церкви эти три типа сопротивления[2].

Он призывает Церковь прибегнуть к косвенному политическому слову (третий тип сопротивления), например, в «Этике», в главе «Конкретная заповедь и Божьи наказы-поручения», где он пишет, что

...во встрече с властью... которая скорее должна заниматься конкретными непорядками и нарушениями, устранение коих и относится к божественному мандату, Церковь, однако, не может просто перестать быть Церковью, но, лишь исполняя свой собственный мандат, она может законно апеллировать к властям по поводу исполнения ими своего мандата [Бонхёффер 2016: 421. — *Пер. изм.*].

Церковь здесь не вторгается в область политического мандата государства, но, как он говорит в «Церкви перед еврейским вопросом», «возлагает на государство ответственность за его действия» [Бонхёффер 2024в: 139].

О двух других типах церковного сопротивления, упомянутых в статье «Церковь перед еврейским вопросом», мы читаем в статье «"Личная" и "объективная" этика», написанной, вероятно, в 1942 году. Здесь Бонхёффер анализирует «псевдолютеранскую»

---

2   Мысль о том, что идея трех типов церковного сопротивления, описанных в «Церкви перед еврейским вопросом», сохраняется у Бонхёффера также и на третьем этапа сопротивления, была высказана Шмицем [Schmitz 2013: 394].

идею, что «христианская этика имеет дело с христианским бизнесменом, христианским политиком и т. д., но не с экономикой, политикой и проч.». Оспаривая такое псевдолютеранское понимание христианской вести, загоняющее ее в рамки «личных» дел, Бонхёффер задает риторический вопрос о том, «является ли единственной задачей Церкви проявлять любовь посреди данных мирских порядков», как утверждает псевдолютеранство, или же Церковь, как он считает сам, «имеет определенную миссию в отношении самих этих мирских порядков». Или иначе: «...должна ли Церковь лишь подбирать жертв или же должна остановить само колесо?» [16: 540–541]. Используя формулировки из статьи «Церковь перед еврейским вопросом», он утверждает, что Церковь, конечно, обязана помогать жертвам согласно своему диаконическому служению (сопротивление второго типа). Но она должна также остановить само колесо, то есть, по всей видимости, прибегнуть к прямому политическому слову (сопротивление четвертого типа). Следовательно, получается, что на третьем этапе сопротивления Бонхёффер продолжает отстаивать все те формы церковного сопротивления, которые он описал на первом этапе.

На втором этапе Бонхёффер говорит о страдании идущей вслед церковной общины как о форме сопротивления самой по себе (сопротивление пятого типа). Церковь сосредотачивается на хождении вслед (то есть на том, что она есть тело Христово), когда ее провозвестие (то есть оглашение Слова Христа) теряет силу — либо потому, что Церковь утратила форму жизни, необходимую для придания этому Слову силы, либо потому, что мир отказывается слушать Слово. На третьем этапе Бонхёффер снова обращается к хождению вслед, например в статье «"Личная" и "объективная" этика». Здесь он пишет, что миссия Церкви состоит одновременно в проповеди Слова Христа и в том, чтобы быть Его телом, однако то, что выходит на первый план (Слово или тело), определяется обстоятельствами. Покуда Церковь «признается государством», «свидетельствование Церкви о Божьих заповедях относительно политики, экономики и прочего выступает как часть возвещения Христа». Но здесь фокус смещается на хождение вслед: «Чем меньше христиане (как, например, в Откр. 13) ответственны за несправедливость мира и чем больше они сами страдают от этой несправедливости, тем больше их ответственность будет проявляться исключительно в покорном страдании и ревностной дисциплине церковной общины» [Там же: 545] (см. также [Там же: 597]). Когда «власти открыто или фактически противостоят Церкви, может настать время, когда Церковь, не отказываясь от своих притязаний, больше не будет бросать слов на ветер», а сосредоточится на хождении вслед [Там же: 522].

Нам известно, что Бонхёффер участвовал в заговоре в конце 1930-х — начале 1940-х годов. В то же время он продолжал говорить о политическом сопротивлении многое из того, что говорил и раньше. Внутри структуры царств и мандатов Церковь реагирует на действия государства исходя из того, что она есть, а есть она сообщество, собранное вокруг возвещения Слова. И формы сопротивления, соответствующие бытию Церкви, как и раньше, подпадают под двойное определение Церкви как Слова и тела Христова. В чем бы ни состояла новизна третьего этапа сопротивленческой мысли Бонхёффера, она никоим образом не состоит в призыве к Церкви участвовать в насильственном заговоре. Скорее, задачи Церкви на фронте сопротивления ограничиваются Словом и хождением вслед. У Церкви нет других дел, кроме как возвещать Слово Христа и быть Его телом. Все большее на самом деле было бы меньшим, отступлением от самой сущности Церкви.

Как эта новая форма сопротивления, то есть заговор, отразилась в поздней мысли Бонхёффера? Здесь важно учитывать, что на всех этапах сопротивленческой мысли Бонхёффера главным агентом сопротивления была Церковь. На третьем этапе его мысль не претерпела глубоких изменений. Однако агентом этой новой формы сопротивления, то есть заговора, выступает не Церковь, а индивид. Соответственно, самые существенные изменения в поздней сопротивленческой мысли Бонхёффера касались роли индивида в сопротивлении, к чему мы сейчас и обратимся.

Глава 13
Свободное ответственное действие индивида

Индивид, реализующий свое призвание

Вспомним, как именно в «Церкви перед еврейским вопросом» Бонхёффер рекомендовал реагировать на относительно незначительную несправедливость — которая не оборачивается «недостатком» или «избытком» порядка — государства, все еще выполняющего свою роль порядка сохранения. Церковь, согласно своей должности возвещения Слова, в обычной ситуации должна воздерживаться от каких-либо комментариев, но «отдельн[ый] христианин, который чувствует свое призвание к этому, при определенных условиях [может] обвинять государство в бесчеловечности» [Бонхёффер 2024в: 137]. Хотя Бонхёффер не раскрывает в подробностях этот тезис, он тем не менее проводит четкое различие между реакцией отдельного христианина (первый тип сопротивления) и различными реакциями Церкви. Знаменитые «три возможности действия» (типы со второго по четвертый), о которых он говорит далее в этой статье, — это именно возможности Церкви. С самого начала своих рассуждений о сопротивлении Бонхёффер проводил различие между индивидом и Церковью как разными агентами сопротивления.

Различие между индивидом и Церковью в данном контексте действительно необходимо, поскольку у индивида и Церкви разные задачи. Задача Церкви — проповедовать Слово и быть телом Христовым, и эти задачи индивид как индивид выполнить не может. Конечно, отдельный христиан (а именно священник) проповедует Евангелие, но даже проповедь с точки зрения теологии — это действие Церкви как корпоративного тела, исполняемое назначенным для этого человеком (напр., [12: 429]). И конечно, отдельные христиане проявляют милосердие к ближним, что составляет диаконическую должность Церкви как тела Христова. И тем не менее, когда отдельные христиане оказываются внутри других порядков, или мандатов, их милосердные дела в некотором отношении становятся делами именно этих отдельных христиан, а не церковного тела. Таким образом, Церковь проповедует Евангелие и является телом Христовым, и отдельные христиане, несомненно, участвуют в отправлении функций Церкви как корпоративного тела, но они также действуют в качестве индивидов. Сопротивление индивидов следует рассматривать иначе, чем сопротивление Церкви.

Когда мы говорим о милосердном служении ближнему со стороны отдельного человека, мы входим в сферу действия, которую лютеранская этика традиционно рассматривала под рубрикой «призвания». И именно к сфере призвания Бонхёффер относит действия тех христиан, которые призваны (то есть чье призвание состоит в том, чтобы) направлять государство к справедливости [Бонхёффер 2024в: 137]. Следовательно, индивиды могут сопротивляться путем реализации своего призвания.

Поскольку отдельные христиане, реализующие свое призвание в политической жизни, действуют в земном царстве, логика и авторитет, руководящие их действиями (в которых реализуется их призвание), отличаются от тех, что руководят действиями Церкви. Как мы уже видели, Бонхёффер стремился к тому, чтобы реакция Церкви на государственную несправедливость была реакцией *именно Церкви*. Например, согласно статье «Церковь перед еврейским вопросом», это означает, что каждая из трех возможностей церковного действия должна отражать то, что «истинная Церковь Христова живет исключительно Евангелием» [Там же: 136. — *Пер. изм.*]. Согласно этому утверждению, косвенное политическое слово (тип 3) и прямое политическое слово (тип 4) Церкви соответствуют должности проповеди, которая состоит в возвещении Евангелия, а диаконическая должность Церкви (тип 2) вытекает из жизни тела Христова, то есть церковной общины, собранной вокруг Евангелия. Всякое церковное действие или бездействие как реакция на государственную несправедливость должно проистекать из жизни Церкви, каковая есть Евангелие. Таким образом, церковное сопротивление тесно связано с самой сущностью Церкви, чья жизнь выстраивается исходя из евангельской логики.

Если действия Церкви следуют евангельской логике и сообразны с духовным царством, то какая логика должна управлять действиями в земном царстве? В «Церкви перед еврейским вопросом» Бонхёффер называет эту альтернативную логику «гуманитаризмом» и «моралью». Действия Церкви, проистекающие из Евангелия, отличаются от гуманитарного действия: независимо от того, «хороши или плохи [действия государства] с *гуманитарной* точки зрения», Церковь говорит от имени Евангелия. Церковь не будет критиковать государство с точки зрения «морализма и… гуманитаризма всех оттенков», «суждение Церкви… находится по ту сторону» от всякого *гуманитаризма*. Язык гуманитаризма, согласно Бонхёфферу, почти синонимичен языку морали. Таким образом, суждение Церкви о государстве «находится по ту сторону от всякого морализма», она не должна соглашаться, когда государство «приписыва[ет] ей *морально*-педагогическую функцию». Церковь иногда должна примиряться с «*моральной* несправедливость[ю] определенных конкретных действий государства», она обладает евангельским авторитетом, который позволяет ей высказываться против государства «именно потому, что она не *морализаторствует* по каждому отдельному случаю», она «освобождает государство от всяких *морализаторских* упреков» [Там же: 134–137] (курсив мой. — *М. Д.*). Хотя действия Церкви и могут совпадать с действиями, мотивированными гуманитарными или моральными соображениями, она действует согласно евангельской логике, а не гуманитарной или моральной.

Когда же отдельные христиане реализуют свое призвание, реагируя на государственную несправедливость, они руководствуются именно гуманитарными и моральными нормами. «Показывать государству, как выглядят предпринимаемые им меры с точки зрения *морали*, то есть при необходимости обвинять государство в преступлениях против *морали*, — это задача гуманитарных объединений и отдельных христиан, чувствующих себя призванными к этому» [Там же: 135. — *Пер. изм.*]. «Отдельн[ый] христианин, который чувствует свое призвание к этому, при определенных условиях [может] обвинять государство в *бесчеловечности*» [Там же: 135–137] (курсив мой. — *М. Д.*). Если Церковь действует исходя из Евангелия, то отдельные христиане руководствуются базовой моралью и гуманитарными соображениями, которые должны иметь принуждающую силу для всякой достойной политической власти, даже если она не христианская. Таким образом, в «Церкви перед еврейским вопросом» Бонхёффер проводит различие между действиями церковного тела, соответствующими евангельской сущности Церкви, и действием отдельного христианина, соответствующим реализации его призвания согласно нормам того гуманитарного и морального порядка, через который Бог управляет земным царством.

На первых двух этапах сопротивления Бонхёффер не касается подробно темы сопротивления индивида государственной несправедливости. Вместо этого он фокусируется на сопротивлении Церкви: на первом этапе — главным образом на сопротивлении посредством слова, на втором — на сопротивлении посредством хождения вслед. На третьем этапе, как мы видели в предыдущей главе, Бонхёффер сохраняет верность высказанным ранее идеям о церковном сопротивлении, однако на первый план теперь выходит сопротивление индивидов, ранее остававшееся в тени. Такой поворот к индивиду как агенту сопротивления соответствует его участию в политическом заговоре, который был делом группы отдельных людей, а не Церкви как корпоративного тела.

Следовательно, если мы взглянем на типологию сопротивления, сложившуюся к этому моменту, мы увидим, что сопротивление-заговор в наибольшей степени соответствует сопротивлению первого типа, то есть сопротивлению индивидов и гуманитарных организаций. Однако то сопротивление-заговор, в котором участвовал Бонхёффер, заслуживает того, чтобы отнести его к отдельному типу, отчасти потому, что Бонхёффер едва ли задумывался о каком-то заговоре, когда размышлял над первым типом сопротивления в «Церкви перед еврейским вопросом» в 1933 году. Однако еще важнее, что между сопротивлением первого типа и последующим участием Бонхёффера в заговоре есть концептуальное различие. Сопротивление первого типа — это ответ на несправедливое действие со стороны такого государства, которое в других отношениях функционирует исправно, в то время как сопротивление-заговор связано с осуществлением призвания перед лицом настолько дисфункциональной государственной власти, что она представляет угрозу для самой себя, а также для других божественных мандатов. В общем, хотя сопротивление-заговор, в котором участвовал Бонхёффер, похоже на сопротивление первого типа, поскольку и то и другое является реализацией индивидуального призвания, сопротивление-заговор отличается от сопротивления первого типа, поскольку в нем речь идет о реализации призвания *в чрезвычайном случае.* Чрезвычайность ситуации требует теологической и этической рефлексии другого типа. Поэтому сопротивление-заговор — это сопротивление нового типа, который Бонхёффер называет свободным ответственным действием индивида и который я называю шестым типом сопротивления.

Свободное ответственное действие

Понятие свободного ответственного действия появляется в ряде фрагментов поздних сочинений Бонхёффера. Один из таких фрагментов мы находим в программной статье «Государство и Церковь», написанной в 1941 году. Здесь он рассматривает сценарий, при котором государство столь откровенно пренебрегает своим мандатом, что христианский подданный должен решительно и полностью отказать ему в повиновении. Это решение о полном отказе в повиновении Бонхёффер описывает как «риск ответственности» и «риск действия» [16: 517–518]. Похожую терминологию мы находим во второй редакции текста под названием «История и благо», вошедшего в «Этику». Здесь Бонхёффер говорит о том, что в чрезвычайных ситуациях ответственность требует свободного, рискованного действия, попирающего те регулятивные нормы, которыми мы руководствуемся в нормальной ситуации. Он приводит в пример ситуацию, когда политик, обычно служащий делу мира, должен в качестве *ultima ratio* прибегнуть к войне [Бонхёффер 2016: 279–280]. Бонхёффер использует эту же терминологию еще раз в 1943 году, уже находясь в заключении. В статье «Спустя десять лет», написанной для его соратников по заговору по случаю десятилетнего срока нахождения у власти Гитлера, он говорит о необходимости «послушного и ответственного действия» и «свободного риска веры в ответственном поступке» [Бонхёффер 2024a: 14–16]. Ни в одном из этих фрагментов Бонхёффер не связывает напрямую идею свободного ответственного действия со своим участием в заговоре с целью убийства Гитлера и свержения режима. Тем не менее большинство исследователей, читая между строк и принимая во внимание исторический контекст, считают, что здесь Бонхёффер ближе, чем где бы то ни было еще, подошел к теологической и этической рефлексии над своим участием в заговоре.

Учитывая то, что было показано в разделе «Индивид, реализующий свое призвание», первое, что следует сказать об этих фрагментах, это то, что все они касаются действия индивида, а не Церкви. В статье «Государство и Церковь», где Бонхёффер различает реакцию на государственную несправедливость со стороны Церкви и со стороны индивида, фигура свободного индивидуального действия возникает в связи именно с индивидом. Во второй редакции «Истории и блага» из «Этики» именно индивид оказывается тем, кто должен решиться на подобное действие. Равно и в статье «Десять лет спустя», написанной для соратников по заговору, Бонхёффер не делает каких-то особых указаний на Церковь. Во всех этих случаях свободное ответственное действие — это действие отдельного человека, а не Церкви.

То, что Бонхёффер говорит не просто об индивиде, но именно об индивидуальном осуществлении призвания, подтверждается тесной взаимосвязью между терминологией, с помощью которой описывается свободное ответственное действие, и терминологией, с помощью которой описывается призвание. Говоря во второй редакции «Истории и блага» об ответственности, Бонхёффер исследует этический ландшафт, традиционно соответствующий теме призвания, поскольку «понятие "призвание", как и понятие "ответственность"... находятся в некоем весьма своеобразно-удачном соответствии» [Бонхёффер 2016: 299]. Точно так же в статье «Десять лет спустя» терминология, описывающая свободное ответственное действие, пронизывает рассуждение о призвании, хотя в английском переводе это отчасти упущено. Нет сомнений, что с помощью терминологии, связанной со свободным ответственным действием, Бонхёффер исследует контуры индивидуальной реализации призвания.

Гипотеза, что сопротивление-заговор следует связывать с индивидуальной реализацией призвания, находит некоторое подтверждение в часто цитируемом пересказе мыслей Бонхёффера о сопротивлении. По словам биографа Бонхёффера Эберхарда Бетге, итальянец по имени Гаэтано Латмирал, содержавшийся в заключении вместе в Бонхёффером, однажды спросил его, как он, «христианин и пастор, мог решиться на участие в заговоре». Бонхёффер ответил ему: «Если безумец на Кудамм [оживленная берлинская улица] направит свой автомобиль на тротуар, как пастор я не могу просто похоронить мертвых и выразить соболезнования их родным. Коль скоро я оказался рядом, я должен запрыгнуть в машину и выхватить у водителя руль»[1]. Пересказав эти слова, Бетге далее отмечает, что «эту же мысль, между прочим, мы встречаем в его ранней статье "Церковь перед еврейским вопросом"»: "Третья возможность состоит в том, чтобы не только перевязывать раны тех, кто попал под колеса государственной машины, но и перехватить это колесо"» [Bethge 1955: 14]. Так Бетге связывает сопротивление, описанное в этой статье, с более поздним сопротивлением-заговором.

Действительно, как мы показали в 12-й главе, между ранними и поздними идеями Бонхёффера о сопротивлении есть много

---

[1] Настоящие слова Бонхёффера, опубликованные намного позже, отличаются от того, что приводит Бетге. Латмирал пишет: «Он сказал, что как пастор он считал своим долгом не только утешать и помогать жертвам безумцев, выехавших на автомобиле на оживленную улицу, но и попытаться их остановить» [Latmiral 2003: 30].

общего, но интерпретация Бетге упускает ключевое различие двух инстанций сопротивления. В статье «Церковь перед еврейским вопросом» агентом сопротивления выступает Церковь, тогда как в тюремных размышлениях агентом сопротивления выступает индивид [Schmitz 2013: 392–393]. В пересказе Бетге и вопрос Латмирала, и ответ Бонхёффера явным образом отсылают к участию Бонхёффера в заговоре — участию именно в качестве отдельного христианина, осуществляющего свое пасторское призвание.

Кроме того, логика его ответа соответствует сказанному им о свободном ответственном действии во второй редакции «Истории и блага». Там он оспаривал узкое понимание призвания, исключающее свободное ответственное действие. Чтобы сформулировать более широкое понимание призвания, он приводит следующий пример:

> Если я, к примеру, врач, то в конкретном случае я служу не только своим пациентам, но в то же время и естественно-научному познанию, а тем самым вообще науке и познанию истины. Хотя это служение я осуществляю практически на своем конкретном месте, ну, например, у кровати больного, я все же не упускаю из виду ответственности за целое и лишь так исполняю свое профессиональное призвание. При этом можно добавить, что я как врач должен узнавать и исполнять свою конкретную ответственность не обязательно у ложа больного, но и, например, в публичном выступлении против мероприятия, угрожающего медицинской науке или человеческой жизни, или вообще науке как таковой. Как раз потому, что призвание есть ответственность, а ответственность есть всецелый ответ всего человека на все целое действительности, не существует никакого обывательского самоограничения узкой сферой своих профессиональных обязанностей; подобное ограничение было бы безответственностью [Бонхёффер 2016: 303].

Как доктор не может ограничивать сферу своей ответственности ложем больного, так и пастор, согласно его идеям тюремного периода, не должен ограничивать свою ответственность службой на похоронах. Бонхёффер предпочитает шире смотреть на призвание, сохраняя за индивидом свободу для ответственного действия, требуемого обстоятельствами.

Таким образом, хотя его сопротивленческую мысль тюремного периода часто возводят к более ранним идеям о сопротивлении, то, что в ней наиболее значимо, как раз расходится с идеями статьи «Церковь перед еврейским вопросом». Мысли, сформулированные им в заключении, касаются действия не Церкви, а отдельного человека, реализующего свое призвание в чрезвычайных обстоятельствах. В этом отношении они согласуются с его более поздней сопротивленческой мыслью, в центре которой стояло индивидуальное действие.

Индивидуальное сопротивление государству

В статье «Государство и Церковь» Бонхёффер рассматривает индивидуальное действие в рамках трех сценариев, отличающихся друг от друга по степени чрезвычайности. Первый сценарий соответствует обычному времени, когда государство действует согласно вверенному ему мандату. Здесь, как мы видели в 12-й главе,

> ...требования, которые государство вменяет на основании своей власти и своей задачи, суть требования Бога, обязывающие совесть. <...> Когда государство исполняет свою задачу, подчинение ему является безусловным, качественно всеобщим и распространяется и на совесть, и на телесную жизнь. Вера, совесть и телесная жизнь оказываются связаны послушанием поставленной перед государством божественной задаче [16: 516].

В обычных обстоятельствах христиане подчиняются власти, будучи уверены в том, что государство институционально оформляет божественный мандат, предписывающий поддерживать в обществе порядок и справедливость.

Далее Бонхёффер рассматривает проблему индивидуального послушания применительно ко второму случаю, когда государство начинает выходить за пределы своего мандата.

> Неуверенность по поводу необходимости повиноваться
> может возникнуть только там, где содержание и объем го-
> сударственной задачи оказываются под вопросом. <...>
> Если государство в какой-то момент выходит за рамки
> своей задачи — например, стремясь регулировать вероис-
> поведание церковной общины, — то ему следует отказать
> в повиновении ради своей совести и во имя Господа [Там
> же: 516–517].

Долг повиновения оказывается под вопросом в случае, когда
государство выходит за пределы своего мандата, например
вторгается в область мандата Церкви. В этом случае долг отдельного человека — *не повиноваться* такому государству.

Бонхёффер тщательно ограничивает эту форму неповиновения. В этом втором сценарии притязание государства на повиновение оказывается нелегитимным именно в конкретном случае,
но сохраняет силу во всех других. Поэтому

> ...неповиновение может быть лишь плодом конкретного
> решения в этом особом случае. <...> Даже антихристианская
> государственная власть в определенных отношениях про-
> должает оставаться государственной властью. Следователь-
> но, будет непозволительно отказываться от уплаты налогов
> государству, которое преследует Церковь.

Таким образом, Бонхёффер говорит здесь о сценарии, где государство выходит за пределы своего мандата, но таким образом,
что неповиновение ему остается выборочным. Он стремится
избежать неправомерного обобщения аргумента в пользу неповиновения, которое «привело бы к апокалиптической демониза-
ции государства» [Там же: 517]. Тот факт, что государство в некоторых случаях выходит за границы своего мандата, не означает, что оно полностью перестало исполнять божественный
мандат.

Но далее Бонхёффер рассматривает третий сценарий, где государство не просто выходит за границы своего мандата в некоторых отдельных случаях, но полностью подрывает данную ему
Богом власть. Это означало бы, что «такое государство следует

понимать апокалиптически», что потребовало бы, в свою очередь, «полного неповиновения, поскольку в этом случае всякий акт повиновения был бы прямым образом связан с отрицанием Христа (Откр. 13: 7)» [Там же]. Он описывает полное неповиновение апокалиптическому государству в терминах ответственного действия:

> Отказ повиноваться определенному историко-политическому решению государства, а также само это решение, лежат исключительно на нашей ответственности. Историческое решение невозможно целиком уместить в сетку этических понятий. Остается нечто еще: дерзание к действию [Там же: 518].

Если читать сказанное между строк и учитывать исторический контекст, мы увидим, что к актам полного неповиновения можно отнести и государственный переворот.

Итак, терминология, с помощью которой описывается свободное ответственное действие на третьем этапе сопротивления, возникает в статье «Государство и Церковь», где Бонхёффер обсуждает отличающиеся друг от друга по степени чрезвычайности сценарии, продиктованные действиями и характером государства. Свободное ответственное действие — это действие отельного человека в рамках сценария третьего типа, где государство провоцирует кризис из-за умышленного презрения к вверенному ему мандату. Хотя в других текстах, где речь идет о свободном ответственном действии, Бонхёффер и не выстраивает четкой тройной последовательности, как в статье «Государство и Церковь», в них он тоже утверждает, что подобное действие следует предпринимать только в крайнем случае. Во второй редакции «Истории и блага» свободное ответственное действие выступает как крайняя мера, к которой прибегают лишь тогда, когда налицо разрушение норм, предписывающих порядок действия в обычных случаях [Бонхёффер 2016: 281]. В статье «Десять лет спустя» Бонхёффер обращается к тем соратникам по заговору, которые «не имели в жизни почвы под ногами, которым все доступные альтернативы современности представлялись ра́вно невыносимыми, чуждыми жизни» [Бонхёффер 2024a: 10]. Свободное ответственное действие есть действие индивида в крайних, чрезвычайных ситуациях.

Таким образом, мы видим, что свободное ответственное действие — это действие индивида в чрезвычайной ситуации, которая, как в примере, рассматриваемом в статье «Государство и церковь», наступает тогда, когда государство полностью пренебрегает своим мандатом. Идее крайней ситуации можно придать более конкретное содержание, проанализировав, как Бонхёффер расценивал угрозу, исходившую от национал-социалистического режима. Этот анализ покажет нам, что, согласно Бонхёфферу, политическая власть, не исполняющая свои функции, подрывает не только политический порядок, но и другие порядки. Поняв это, мы далее сможем понять, как человек вроде Бонхёффера, придававший столь высокое значение божественному мандату государства, мог тем не менее решиться на ниспровержение конкретной государственной власти.

Глава 14
Порядок и восстановление

Угроза порядку со стороны государства

В конце шестой главы мы обсуждали радиообращение Бонхёффера, в котором он описывал структуру правильно устроенной политической власти (идущую «сверху вниз»), отмечая при этом, что угроза этой структуре исходит со стороны националсоциалистического принципа фюрерства. Спустя десять лет он возвращается к теме правильно и неправильно устроенной политической власти. В главе «Конкретная заповедь и Божьи наказы-поручения» из «Этики» он отмечает, что все мандаты, включая мандат государства, выстроены по принципу сверху вниз. Верховной властью по отношению к государству является Бог, который передает предпоследнюю власть лидерам государства. «Господин тоже, — пишет Бонхёффер, — имеет над собой господина, и только этот факт вообще обосновывает, санкционирует и узаконивает его господство над рабом. Господин и раб обязаны воздавать друг другу ту честь, которая каждый раз соответствует их участию в мандате Бога» [Бонхёффер 2016: 412]. Здесь он описывает ту же структуру правильно выстроенной государственной власти, о которой он говорил в радиообращении. «Господин», или политический лидер, имеет легитимную власть над «рабом», или гражданином, лишь в случае, если он признает Бога высшим «Господином».

Далее Бонхёффер показывает, как эта структура может пойти вкось: «...злоупотребление высшим, ра́вно как и низшим, положением неизбежно, если больше не признается обоснование их обоих божественным поручением» [Там же]. Высшие начинают пользоваться своей властью произвольно, из-за чего низшие начинают бунтовать. Из-за этого бунта структура, сопрягающая верх и низ, обращается

> ...в свою противоположность. Больше нет подлинных верха и низа. <...> Так низшее становится здесь постоянной и неизбежной угрозой для высшего, а высшее перед лицом этой угрозы опять может сохранить свое «высшее» положение только через дальнейшее подстрекательство низшего, с одной стороны, а с другой — через террор против бунтовщических сил низшего [Там же: 412–413].

Как только Господин перестает восприниматься в качестве создателя структуры, сопрягающей верх и низ, между политическими лидерами и гражданами остается лишь «отношение глубочайшей враждебности, недоверия, обмана и зависти» [Там же: 413].

Бонхёффер повторяет здесь многое из того, что он говорил в радиообращении о разрушении правильной структуры политической власти. Однако в радиообращении он во многом лишь анализировал те опасные политические понятия, которыми пользовался Гитлер в ходе своего продвижения к власти. В 1933 году речь еще не шла о плодах его власти и всего Третьего рейха. Статью «Конкретная заповедь и Божьи наказы-поручения», написанную десять лет спустя и рассматривавшую те же самые вещи, следует читать не как предупреждение о том, что только может случиться, но как осмысление уже случившегося. Из-за этого концовка процитированного фрагмента читается как усталые личные размышления: «...тот факт, что некий подлинный, свыше/сверху основанный порядок вообще был возможен, должен казаться тем, что он есть в действительности: чудом» [Там же].

Последствия разрушения государственной структуры власти выходят далеко за пределы узко понятой политической сферы.

Согласно Бонхёфферу, причина здесь в том, что провал государства связан не только с пренебрежением долгом, но с идолопоклонническим устранением Бога как высшего авторитета. В радиообращении Бонхёффер указывает на мессианский характер национал-социалистической философии, в которой фюрер занимает место Бога, а рейх оказывается Царством Божьим на земле [12: 278]. О том же идолопоклонстве речь идет в статье «Конкретная заповедь и Божьи наказы-поручения», где «господин» претендует на власть «Господа» [Бонхёффер 2016: 412].

Как говорит Бонхёффер в «Церкви перед еврейским вопросом», идолопоклонство государственной власти, подменяющей свой ограниченный мандат на мессианский проект, проявляется двояко — через «недостаток» и «избыток» власти. «Недостаток» порядка и справедливости вначале выражался в преследовании евреев, поскольку нацистское государство служило не сохранению мира, но «арийскому» электорату, из которого оно и черпало теперь свою власть. На более поздней стадии Третий рейх мог поддерживать свою власть только через презрение к своим подданным, даже неевреям, «только через дальнейшее подстрекательство низшего, с одной стороны, а с другой — через террор против бунтовщических сил низшего» [Там же: 413]. Идолопоклонническое государство характеризуется «недостатком» порядка и справедливости, что вначале проявляется в преследовании меньшинств, а в конце — в терроре против всего гражданского населения.

Идолопоклонническая политическая власть также производит «избыток» порядка, и в этот момент террористическое государство становится тоталитарным. Согласно Бонхёфферу, «избыток» порядка возникает в случае, когда государство посягает на другие порядки или мандаты. В «Церкви перед еврейским вопросом» рассматривается ситуация, когда государство вторгается в сферу Церкви. В текстах, которые Бонхёффер писал одновременно с «Этикой», он еще яснее выражает свою мысль, что идолопоклонническое государство угрожает всем остальным мандатам. Правильные взаимоотношения между всеми мандатами описываются здесь как нетоталитарные:

> Лишь в своем взаимодействии друг с другом, друг для друга и друг по отношению к другу божественные наказы-поручения о Церкви, о браке и семье, о культуре и начальствующей власти исполняют заповедь Бога, как она явлена в Иисусе Христе. Ни один из этих наказов не существует лишь для себя одного и не может претендовать на отмену всех остальных [Там же: 414].

Тоталитарное государство отвергает такую взаимоограниченную структуру и тем самым угрожает не только церковному порядку, но и всем другим, а значит — и самому порядку, посредством которого Бог сохраняет мир[1] (см. также [16: 518 и далее]).

Теперь мы начинаем понимать, как Бонхёффер, придававший столь высокое значение государству, мог считать необходимым свержение определенной государственной власти. Он был верен прежде всего не государству, а Богу, управляющему миром посредством структур сохранения, одной из которых государство и является. Но что если государство перестает выполнять свою функцию порядка сохранения? Что если государство, которому Бог поручил задачу поддерживать порядок, угрожает этот порядок разрушить? В предельном случае такая ситуация потребует выступить против существующего политического режима ради подлинной политической власти.

Моральная трудность и ценность свободного ответственного действия

Мы видели в 13-й главе, что свободное ответственное действие — это действие, которое отдельный человек предпринимает в чрезвычайной ситуации. И мы видели в настоящей главе, что

---

[1] Там, где сопротивление у Бонхёффера описывается как реакция на угрозу, нависающую над всеми порядками, он снова сходится с Лютером. Это может показаться удивительным, поскольку многие считали, что заговор-сопротивление Бонхёффера нельзя примирить с тем возвышенным взглядом на государственную власть, который разделял Лютер. Однако Лютер тоже утверждал, что государственная власть имеет ограниченный характер и что государственной власти, которая угрожает всем порядкам, следует сопротивляться насилием [DeJonge 2017: 250–258].

чрезвычайная ситуация имеет место, когда пришедшее в беспорядок государство угрожает всякому порядку вообще. Именно в этом контексте мы можем понять одновременно моральную трудность и моральную ценность свободного ответственного действия.

Понять моральную трудность ответственного действия можно, вернувшись к сказанному в 12-й главе: для Бонхёффера христианская этика состоит в том, чтобы следовать божественной воле или заповеди. В начале «Этики» он пишет:

> Всякому, кто желает рассмотреть проблему христианской этики, должно предъявляться неслыханное требование, а именно, требование с самого начала отказаться как от неподобающих существу дела от обоих вопросов, которые вообще наталкивают человека на занятия этической проблемой: «Как я становлюсь добрым?» и «Как мне совершить нечто доброе?» Вместо этого необходимо задать другой, бесконечно далекий от этих двух, вопрос о воле Бога [Бонхёффер 2016: 412].

Правильное христианское действие предполагает исполнение божественной воли.

Вторая важная мысль Бонхёффера, к которой нам необходимо вернуться, — это мысль о том, что мы встречаемся с божественной волей, или заповедью, внутри конкретных мандатов. «Не где-нибудь и не повсюду... следует искать Божью заповедь... а лишь там, где в откровении Христа основаны божественные наказы-поручения, обретается Божья заповедь. О таких наказах Божьих речь идет в Церкви, в браке и семье, в культуре, в начальствующей власти» [Там же: 408]. Мандаты, таким образом, выступают в качестве предпосылки этической жизни, которая «содержит в себе определенный порядок человеческого общества, заключает в себе определенные социологические авторитетные отношения» [Там же: 390]. Правильное христианское действие предполагает исполнение божественной воли, а божественная воля получает конкретное выражение в мандатах.

В своей трактовке божественной воли и мандатов Бонхёффер следует лютеровскому мирскому пониманию христианства.

Лютер отказался от своего монашества, сочтя его ложным истолкованием христианского призвания. Бог призывает нас не покинуть мир, а войти в него. Потому христианское призвание не требует от нас оставить семью, работу и политику ради монастыря. Скорее, христианин позван в мир, то есть в семью, работу и политику, поскольку только в них он и вступает в отношения, которые делают возможным любящее служение ближним.

Согласно столь же мирскому подходу Бонхёффера, исполнять божественную волю — значит проживать свое призвание внутри тех или иных мандатов. По Бонхёфферу, в нормальной ситуации в упорядоченном сохраняемом мире можно свободно реализовывать свое христианское призвание. Структура упорядоченного мира облегчает исполнение божественной воли: мы исполняем божественную волю во многом благодаря тому, что действуем в соответствии со структурами божественных мандатов. Дети исполняют Божью волю, повинуясь родителям. Родители исполняют Божью волю, заботясь о своих детях. Те же самые родители исполняют Божью волю в обществе, следуя законам и подчиняясь государственной власти. Если эти же родители занимают политический пост, они исполняют Божью волю, справедливо осуществляя эту власть. Исполнять Божью волю — значит жить правильной жизнью внутри мандатов. И если эти мандаты функционируют исправно, исполнение божественной воли будет чем-то относительно простым и непосредственным.

Для Бонхёффера моральные трудности возникают в ситуации, когда границы рушатся и мандаты уже не могут регулировать повседневную жизнь. Одну из таких ситуаций он рассматривает в статье 1943 года «Что значит говорить правду?». В соответствии со своим пониманием божественной воли и мандатов, он утверждает, что «говорение правды» получает смысл только в контексте мандатов.

> Всякое слово живет и имеет свое обиталище внутри определенного круга. Слово, произнесенное внутри семьи, не то же, что и произнесенное в конторе или на публике. Слово, рожденное в тепле личных отношений, замерзает на холод-

ном воздухе публичности. Приказ, уместный на государственной службе, разрушит узы доверия, если произнести его в семье. Всякому слову должно быть его место [16: 605].

Идея правдивой речи морально обоснованна только в контексте божественных мандатов.

Однако, пишет Бонхёффер, «когда между разными жизненными порядками нет взаимного уважения, слова становятся ложными». Он приводит следующий пример:

> Учитель спрашивает ребенка перед всем классом, правда ли, что его отец часто приходит домой пьяным. Это правда, но ребенок это отрицает. <...> Происходящее в семье не должно разглашаться перед классом. У семьи есть свои секреты, которые она должна хранить. Учитель пренебрегает реальностью этого порядка. <...> Конечно, отвечая «нет» на вопрос учителя, ребенок говорит ложь. Но в то же время это «нет» выражает ту истину, что семья есть порядок *sui generis*, куда учителю вторгаться не дозволено. Разумеется, мы можем сказать, что ребенок попросту лжет, но в этой лжи содержится больше истины, она больше соответствует истине, чем если бы он сделал слабость своего отца достоянием всего класса [Там же: 605–606].

Если бы учитель спросил ребенка, сделал ли он домашнюю работу, и ребенок ответил бы «да», хотя на самом деле он ее не сделал, то это была бы прямая ложь, поскольку вопрос учителя, обладающего соответствующей властью, касался бы вопроса, который относится к сфере действия этой власти. Но когда учитель спрашивает, возвращается ли отец ребенка домой пьяным, он преступает границы своей власти. Из-за вторжения одного порядка в область другого границы между ними рушатся, и ребенок лишается возможности говорить правду. В результате нам трудно морально назвать речь ребенка лживой. Этот пример, полагает Бонхёффер, демонстрирует, что этическое действие возможно только внутри правильно структурированных порядков или мандатов. Если же мандаты приходят в беспорядок, как, например, в случае, когда один порядок нелегитимным образом вторгается в область другого, становится трудно принимать или оценивать решения в опоре на моральные категории.

В этом примере с учителем и учеником можно допустить, что смешение порядков было единичным случаем. Можно представить, что после того, как учитель неподобающим образом поинтересовался у ученика состоянием его отца, он перейдет к вопросам о домашнем задании. Тем самым между учителем и учеником будут восстановлены надлежащие отношения и, следовательно, будут восстановлены нормальные условия говорения правды, и ребенок впредь должен будет правдиво отвечать на дальнейшие вопросы учителя. Единичное нарушение границ между порядками со стороны учителя не освобождает ребенка от долга уважать власть учителя в классе, ра́вно как единичное вторжение государства в церковную сферу не освобождает граждан от уплаты налогов [Там же: 517]. Таким образом, в примере с учеником и учителем мы можем говорить об относительно несущественном нарушении границ, временном расстройстве отношений между порядками, после которого ребенок снова должен поступать в соответствии с существующими этическими предписаниями (см. [Бонхёффер 2016: 382, 385]).

Однако в случае сопротивления-заговора, в котором участвовал Бонхёффер, нарушение границ является куда более серьезным. Как мы уже говорили в разделе «Угроза порядку со стороны государства», согласно Бонхёфферу, дело было не в том, что нацистский режим единовременно вторгся в сферу других жизненных порядков или ненадолго пошатнул находящийся под его опекой социальный порядок. Бонхёффер считал, что нацистский режим систематически попирал весь порядок целиком, устраивая тоталитарный террор. Подобная ситуация является предельным случаем нарушения границ, когда порядок государства подрывает сам себя наряду с другими порядками. В этом случае под угрозой оказывается весь порядок, само устроение творения, направляющее его к избавлению.

Эту крайнюю ситуацию можно описать и на языке морали. Если оценка морального действия требует в качестве необходимого условия существование порядков, то разрушение этих порядков означает также разрушение условий для морального суждения. В моральном отношении, как говорит Бонхёффер, «нашим ногам не хватает почвы» [8: 38]. Такова крайняя ситуация, в которой возникает вопрос о свободном ответственном действии. Вопрос звучит так: как мне исполнить Божью волю, если разрушены все ее конкретные манифестации? Как мне исполнить мое христианское призвание, если распались отношения, только внутри которых оно и имеет значение (то есть мандаты)? Таков особый, крайний сценарий, внутри которого ставится вопрос о свободном ответственном действии.

Теперь нам становится понятно моральное затруднение, связанное со свободным ответственным действием. Свободное ответственное действие представляет собой моральное затруднение, поскольку, совершая его, невозможно избежать вины и соучастия[2]. Желающий действовать ответственно оказывается в еще более морально невыносимой ситуации, чем тот ребенок, который не мог правдиво ответить на вопрос учителя. Ребенок должен либо солгать учителю и пренебречь его властью, либо сказать правду о своем отце и таким образом нанести ущерб достоинству семьи. Здесь нет морально безупречного решения. Бонхёффер спрашивает своих соратников по заговору:

> Бывали ли в истории люди, у которых, подобно нам, было так мало почвы под ногами, люди, для которых *любое доступное им в данный момент решение было невыносимым и противоречащим жизни*? Были ли те, которые, подобно нам, искали источник силы за пределами всех доступных им альтернатив? [Там же] (курсив мой. — *М. Д.*).

Именно необходимость действовать в отсутствие адекватного морального мерила и делает ответственность свободным дерзанием [Бонхёффер 2016: 280–281].

---

[2] Я отсылаю здесь к знаменитому высказыванию Бонхёффера: «...каждый ответственно действующий человек становится виновным» [Бонхёффер 2016: 282]. Идея о том, что ответственное действие влечет за собой вину, широко обсуждалась в исследованиях, посвященных Бонхёфферу [Schliesser 2008; Puffer 2012].

Но одинаково ли хороши различные решения? Не превращается ли моральное рассуждение, предваряющее действие, в игру в кости? Действительно ли в экстремальных ситуациях нет никаких ориентиров? Теперь нам известны ситуации, где ориентиры найти *невозможно*. Традиционные этические вопросы — «Как я становлюсь добрым?» и «Как мне совершить нечто доброе?» — здесь не помогут, поскольку они лишь отбрасывают нас к ситуации, где хороших альтернатив не существует. На самом деле традиционное моральное рассуждение здесь контрпродуктивно, поскольку запускает бесконечный процесс этической рефлексии именно тогда, когда необходимо совершить действие.

Ответственный вопрос — это не вопрос о том, как быть хорошим или делать добро, но как «следующее поколение будет жить дальше» [8: 42]. Целью ответственного действия является восстановление условий для жизни. Для Бонхёффера условия для жизни — это главным образом порядки или мандаты. Следовательно, ответственное действие стремится восстановить условия для непосредственного морального действия. Оно стремится создать общество, где мандаты смогут функционировать надлежащим образом, что, в свою очередь, сделает вновь возможным обыденную мораль, а свободное ответственное действие — снова излишним, поскольку следующее поколение снова сможет узнавать божественную волю в мандатах. Такое восстановление является целью и моральной ценностью для свободного ответственного действия.

Для Бонхёффера, судя по всему, свободное ответственное действие включало в себя лишенное морального оправдания свержение Третьего рейха и столь же его лишенное убийство Гитлера. Действия столь радикального характера во многом были чужды политическому мышлению Бонхёффера, для которого были характерны отказ от насилия и уважение к государственной власти, выступающей агентом Бога в мире. Однако если взглянуть на его заговорщическую деятельность из другой перспективы, помня при этом, что целью свободного ответственного действия является восстановление, то мы увидим, что она отражала нечто центральное для его политического мышления, а именно убежденность в том, что надежда для этого мира коренится в сохраняющей и избавляющей деятельности Бога. Христианская политика состоит в поддержании структур, посредством коих Бог сохраняет этот мир ради его последующего избавления. В крайних случаях, когда структуры сохранения разрушаются, это призвание осуществляется через их насильственное восстановление.

Такие действия нельзя оправдать с точки зрения морали именно потому, что они выпадают из моральной рамки, оправдывающей какое-либо действие. Ответственному человеку остается лишь дерзнуть на действие — в вере, руководствуясь любовью к ближнему и надеясь на Божью милость: «...ответственный [человек] передает свое действие в руки Божьи и живет милостью и судом Бога» [Бонхёффер 2016: 274].

Заключение
Политика Бонхёффера и наша

У тех из нас, кто живет на современном Западе и желает бороться с несправедливостью, например с дискриминацией, подогреваемой государством, в распоряжении имеется довольно ригидная схема действий. Начать мы можем, заявив о своей приверженности всеобщим правам человека. Опираясь на идею прав, мы можем далее описать главную задачу государства как защиту прав человека. Далее мы напомним государству, что эти права распространяются и на ту особую группу, которая ныне оказывается жертвой дискриминации, давая таким образом понять, что подобная дискриминация морально недопустима. Так зачастую выглядит базовая схема, которой мы пользуемся на Западе для борьбы с государственной несправедливостью.

Если мы религиозны, мы можем дополнить эту схему следующим образом. Мы добавим, что эти всеобщие права человека изначально были установлены Богом, что они распространяются на всех людей, поскольку все люди сотворены по подобию Божьему или поскольку все они принадлежат божественной семье. Мы можем также воспользоваться идеей о том, что религиозные общины, такие как Церковь, исполняют особую обязанность — следят за соблюдением прав уязвимых и преследуемых, а потому Церковь должна использовать свой моральный авторитет, чтобы призвать государства к ответу. Иначе говоря, базовую схему можно дополнить религиозным содержанием.

Если мы исходим из того, что Бонхёффер следовал нашей знакомой схеме, то нас ожидает множество сюрпризов. Например, как я говорил в начале девятой главы, мы обычно думаем, что сопротивление Бонхёффера было прежде всего и главным образом реакцией на положение евреев при нацистском режиме. Я утверждал, что подобное допущение проистекает из нашей склонности связывать нацистский режим в первую очередь с преследованием евреев. Теперь я утверждаю, что думать, будто главной причиной сопротивления нацизму было несогласие с нарушением прав евреев, нас заставляет не только подобный взгляд на сущность нацистского режима, но и наша привычная схема.

Однако, как мы поняли из девятой главы, объясняя сопротивление Бонхёффера таким образом, мы тут же наталкиваемся на его же утверждения о евреях, исполненные кажущегося безразличия или даже враждебности. Если Бонхёффер сопротивлялся нацистскому государству прежде всего ради защиты прав евреев, тогда почему в его рассуждениях о страданиях евреев мы находим там мало сочувствия их беде? Пытаясь вписать сопротивление Бонхёффера в нашу схему, мы тут же наталкиваемся на его проблематичные высказывания о евреях, демонстрирующие, что он был лишен той чувствительности в отношении евреев, которая сформировалась уже после Холокоста и которую мы стремимся ему приписать [Haynes 2006].

Читая Бонхёффера в соответствии с нашей сопротивленческой схемой, мы сталкиваемся со второй проблемой, более тесно связанной с одним из главных предметов этой книги, а именно с проблемой дистанции между теолого-политической оптикой Бонхёффера и нашей собственной. В нашу сопротивленческую схему вписано множество разных тезисов о правах, государстве и Церкви, которые отнюдь не были распространены в Германии перед и во время Второй мировой войны. Интерпретация его сопротивления, опирающаяся на подобную схему, обречена на неминуемый провал, поскольку он отнюдь не всегда разделял вписанные в нее тезисы о правах, государстве и Церкви, а иногда и вовсе их оспаривал.

Рассмотрим сначала вопрос о правах. Бонхёффер и вправду иногда о них говорил, как например, в небольшом фрагменте статьи «Церковь перед еврейским вопросом». Более подробно он рассматривает права в статье «Естественная жизнь», вошедшей в «Этику». В ней, по мнению некоторых исследователей, содержалось «первое теолого-этическое учение об основных правах человека, сформулированное немецким протестантским богословом XX века» [6: 218 n. 162]. Однако его понимание прав, изложенное и в «Церкви перед еврейским вопросом», и в «Естественной жизни», расходится с общепринятыми современными западными теориями, в которых права выступают неотъемлемой принадлежностью индивидов. Согласно Бонхёфферу, права следует рассматривать в более широком контексте. Критикуя американские и западноевропейские теории политической свободы, Бонхёффер пишет: «Быть свободным означает... жить в повиновении властям и узам, установленным и *ограниченным* Словом Божьим. Вопрос об индивидуальных свободах... можно рассматривать лишь в более широком контексте» [16: 532]. Для политического мышления Бонхёффера неприкосновенные права не были чем-то основополагающим.

Все это естественным образом результирует в другую концепцию государства. Если в основе нашего политического мышления лежит идея неприкосновенных прав, то с большой вероятностью мы будем мыслить государство в терминах прав. Как говорил Бонхёффер, анализируя политические представления, распространенные у американцев и западноевропейских соседей Германии, их политическая жизнь сосредоточена на «защите данных Богом прав от всякого насильственного посягательства» [Там же: 531]. Главной заботой государства здесь оказывается защита прав. Подобное мышление идет снизу вверх, то есть от индивидуальных прав к задаче государства. Бонхёффер, напротив, движется сверху вниз. Основание и предел государства задаются не народом, то есть не снизу, а непосредственно Богом, то есть сверху.

Его сдержанная оценка прав и представление о государстве как об установленном сверху божественном мандате предполагают, что индивидуальные права следует рассматривать исключительно в свете мандата государства. Именно поэтому Бонхёффер не склонен напрямую критиковать государство лишь потому, что оно попирает определенные права. Он осмысляет права исходя из логически предшествующего им основания, а именно из божественного упорядочивания мира, в частности, из мандатов государства и Церкви.

Однако то, как он понимал политический голос Церкви, важнее, чем все эти тонкости концепций государства и прав. Согласно нашей расширенной схеме, куда мы добавили религию, церковный протест против государства имеет ту же природу, что и протест индивидов и гуманитарных групп, то есть следует той же этико-политической логике. Церковь тоже провозглашает незыблемость прав и обвиняет государство в их несоблюдении. Голос Церкви отличается от голосов индивидов и гуманитарных групп разве что тем, что претендует на божественный авторитет. Согласно нашей схеме, Церковь лишь дублирует протест граждан, прибавляя к нему божественный глас.

С точки зрения Бонхёффера, как мы видели на протяжении всей книги, такое понимание политической роли Церкви катастрофически неверно, понимать ее так — значит сводить Церковь к гуманитарным организациям. По Бонхёфферу, Церковь и вправду может выразить нечто подобное этическому протесту против государства, однако источником ее действий будет иной авторитет: авторитет не этико-политических принципов, а Слова Божьего. Если Церковь действует точно так же, как гуманитарные организации, это означает, что она утратила свою субстанцию. Поэтому, протестуя против государства, Церковь следует другой логике и говорит с позиции не морального авторитета, но авторитета Евангелия.

Для сопротивленческой мысли Бонхёффера это различие между Церковью и гуманитарной организацией является центральным. Это гуманитарные организации дублируют и расширяют протест отдельных граждан. Но не такова задача Церкви. Церковь — это община, собравшаяся вокруг проповедуемого ею Слова, что означает, что ее сущностные задачи — возвещать Слово Христа и быть Его телом. Вмешательство Церкви в политику должно осуществляться именно в этих формах. Тем самым не говорится, что гуманитарные протесты против государственной несправедливости не были важны для Бонхёффера. Были.

Но Церковь — не гуманитарная организация. И это центральный момент, который зачастую упускают, когда интерпретируют сопротивление Бонхёффера через описанную схему.

В недавних обращениях к Бонхёфферу постоянно упускается из виду это уникальное положение Церкви среди остальных агентов сопротивления. В начале книги мы отмечали, как часто в современных дискуссиях о политическом сопротивлении вспоминают Бонхёффера, зачастую цитируя его фразу о необходимости «вставлять палки в эти колеса» или, как ее переводят теперь, «перехватить это колесо». Дэвид Брукс, например, интерпретирует ее в духе ненасильственного гражданского сопротивления. В его трактовке модели сопротивления Бонхёффера Церковь перестает быть уникальным агентом сопротивления. Вероятно, Брук полагал, что Церковь тоже будет участвовать в агрессивном ненасильственном действии, присоединяясь к гражданам и гражданским группам и блокируя вместе с ними дорожное движение или срывая заседания городских советов. Но даже в этом случае, с точки зрения Бонхёффера, Церковь оказалась бы сведена к гуманитарной организации, коль скоро ее сопротивление не исходит из Слова. Итак, хотя лично Бонхёффер и мог поддерживать агрессивные ненасильственные действия, свести его сопротивленческое наследие к подобной поддержке значило бы колоссально его редуцировать. Сердцевиной этого наследия была Церковь, сопротивляющаяся произнесением Слова и бытием этим Словом.

С другой стороны, сопротивленческое наследие Бонхёффера часто ассоциируют с его участием в заговоре с целью свержения Третьего рейха. Такой точки зрения придерживается Такер Карлсон, для которого быть как Бонхёффер означает взять в руки оружие. Да, конечно, Бонхёффер участвовал в заговоре, который включал в себя насильственные действия, но связывать Бонхёффера в первую очередь с этой формой сопротивления — значит снова урезать его свидетельство. Участие в заговоре было финалом долгого сопротивленческого процесса, конечной остановкой долгого пути сопротивления. Главной же составляющей этого пути были Церковь и ее Слово.

Ирония современных апелляций к Бонхёфферу состоит в следующем. Хотя он явным образом отождествлял «перехват колеса» с церковным провозвестием (сопротивление четвертого типа) и хотя Церковь была центром его сопротивленческой мысли (сопротивление второго-пятого типов), мы настойчиво интерпретируем этот этап сопротивления и его сопротивление вообще как разновидность гражданского неповиновения, которое соответствует первому типу сопротивления или ниспровержению режима (сопротивление шестого типа). Мы упускаем уникальное положение Церкви среди других агентов сопротивления не просто из-за популяризации наследия Бонхёффера (случай Брукса и Карлсона). Скорее, проблема заключается в мощной исследовательской традиции, которая вслед за Бетге интерпретирует фразу о колесе как предвещающую позднейшее участие Бонхёффера в заговоре.

Может возникнуть соблазн сделать вывод, что дистанцию, отделяющую нас от Бонхёффера, следовало бы обозначить через оппозицию слов и дел. В конце концов, мы привыкли интерпретировать призыв «перехватить это колесо», который относился к Церкви, как относящийся к действиям отдельных людей или гуманитарных групп. Однако формулировать проблему таким образом, то есть как оппозицию слов и дел, означало бы упустить самое важное, поскольку тем самым мы бы проигнорировали бы тот основополагающий вызов, который ставит перед нами сопротивленческая мысль Бонхёффера. Наиболее решительно нас разделяет с ним не то, что он отдает предпочтение словам, а мы делам. Я полагаю, что на самом деле нас разделяет то, как мы понимаем действие. Мы связываем его с нашими собственными поступками, тогда как для Бонхёффера самым главным действием является Слово Божье. Именно несогласие в этом вопросе в конце концов и порождает дистанцию между тем, как Бонхёффер мыслил сопротивление, и тем, как мыслим его мы.

Для Бонхёффера самой фундаментальной реальностью было Слово Божье. В отличие от человеческих слов, Слово Божье есть творящее Слово, которое сразу и с необходимостью свершает то, что говорит. Божественное Слово — это то, что Лютер называл поступком-словом или действием-словом. Бог сказал: «...да будет свет. И стал свет». Именно такое Слово Бог вверил Церкви, и именно такое понимание Церкви находится в центре сопротивленческой мысли Бонхёффера. Для него самой могущественной формой политического сопротивления было не действие в обыденном смысле этого слова, будь то в умеренной его форме ненасильственного гражданского неповиновения или же в радикальной форме государственного переворота. Скорее, самой могущественной формой политического сопротивления становятся слова, хотя и слова в особом смысле, которые сами по себе являются наиболее фундаментальным действием, хоть это и звучит парадоксально. Таково, в частности, божественное Слово, вверенное Церкви, — ее бытию и ее провозвестию. Поэтому Церковь, понятая как община, которая есть это Слово и которая проповедует это Слово, является самым важным агентом сопротивления.

Во введении я спрашивал, что мы можем извлечь из следующего любопытного обстоятельства: вместе с Бонхёффером вставая под баннером с призывом «перехватить это колесо», мы тут же расходимся в разных направлениях: мы идем перекрывать дорожное движение, а он — на Экуменический собор. Это предварительное указание на дистанцию, разделяющую его понимание сопротивления и наше, оказалось весьма плодотворной стартовой точкой, поскольку в конце мы смогли приблизиться к центру его сопротивленческой мысли: к идее Церкви как уникального агента сопротивления. В связи с этим я полагаю, что Дэвид Брукс, Такер Карлсон и многие из нас далеко отстоят от Бонхёффера. Как иначе мы можем объяснить тот примечательный факт, что мы все время упускаем центральный элемент его сопротивленческой мысли, понимая под призывом «перехватить это колесо» гражданское неповиновение или свержение режима? Можно спорить о том, лучше или хуже нам оттого, что между нами и Бонхёффером пролегает эта дистанция, однако именно ее наличие и становится заметно в современных попытках взять его сопротивление за образец.

Библиография

Источники

Бонхёффер 2016 — Бонхёффер Д. Этика / пер. с нем. (Серия «Современное богословие»). 2-е изд. М.: Изд-во ББИ, 2016.

Бонхёффер 2024а — Бонхёффер Д. Спустя десять лет / пер. с нем. А. Б. Григорьева. М.: Cheapcherrylibrary, 2024.

Бонхёффер 2024б — Бонхёффер Д. Хождение вслед. 2-е изд., испр. и доп. / пер. с нем. Г. М. Дашевского. М.: ГРАНАТ, 2024.

Бонхёффер 2024в — Бонхёффер Д. Христос и мир / пер. с нем. и коммент. Д. Н. Лебедева. М.: ГРАНАТ, 2024.

Книга согласия — Книга согласия: Вероисповедание и учение Лютеранской церкви / пер. с нем. К. Комарова.

Лютер 1994 — Лютер М. Свобода христианина // Избранные произведения. М.: Прогресс, 1994. С. 55–190.

Bonhoeffer 1996–2014 — Bonhoeffer D. Dietrich Bonhoeffer Works (DBWE). Minneapolis: Fortress, 1996–2014.

Kolb, Wengert 2000 — The Book of Concord: The Confessions of the Evangelical Lutheran Church / ed. by R. Kolb, T. J. Wengert; transl. by C. Arand, E. Gritsch, W. Russell, J. Schaaf, J. Strohl, T. J. Wengert. 2nd Edition. Minneapolis: Fortress, 2000.

Latmiral 2003 — Latmiral G. Letter to Professor Gerhard Leibholz, June 3, 1946 // Dietrich Bonhoeffer Yearbook. Jahrbuch N 1. S. 27–31.

Luther 1999 — Luther M. Freedom of a Christian // The Career of the Reformer // Luther's Works / ed. by J. Pelikan, H. C. Oswald, H. T. Lehmann; transl. by W. A. Lambert. Vol. 31. Philadelphia: Fortress, 1999. P. 343–377.

Электронные источники

Brooks 2017 — Brooks D. How Should One Resist the Trump Administration? // The New York Times. 2017. February 14. URL: https://www.nytimes.com/2017/02/14/opinion/how-should-one-resist-the-trump-administration.html (дата обращения: 05.10.2024).

Carlson 2016 — Carlson T. Biz Owner Refuses to Do Business with Trump Supporters // Fox News. 2016. November 23. URL: https://www.youtube.com/watch?v=jafjNovqjs4 (дата обращения: 05.10.2024).

DeJonge 2016 — DeJonge M. P. Martin Luther, Dietrich Bonhoeffer, and Political Theologies // Oxford Research Encyclopedia of Religion. Article published August 2016. Oxford University Press, 2014. URL: https://doi.org/10.1093/acrefore/9780199340378.013.307 (дата обращения: 05.10.2024).

Haynes 2016 — Haynes S. R. Has the Bonhoeffer Moment Finally Come? // Huffpost. 2016. November 28. URL: https://www.huffpost.com/entry/has-the-bonhoeffer-moment_b_13275278 (дата обращения: 05.10.2024).

Johnson 2015 — Johnson B. "A Bonhoeffer Moment": Evangelical Leaders Vow Civil Disobedience If Supreme Court Redefines Marriage // Live Site. 2015. April 7. URL: https://www.lifesitenews.com/news/a-bonhoeffer-moment-evangelical-leaders-vow-civil-disobedience-if-supreme-c/ (дата обращения: 05.10.2024).

Schmitz 2019 — Schmitz F. Dem Rad in die Speichen fallen? Zu einem Paradigma der Bonhoeffer-Forschung // Dietrich Bonhoeffer Yearbook. Jahrbuch N 6. 2025. Article published May 2019. URL: https://doi.org/10.13109/kedo.2019.65.2.126 (дата обращения: 05.10.2024).

Woods 2015 — Woods M. SBC President Ronnie Floyd: Southern Baptists Face 'Bonhoeffer Moment' in Response to Evil. // Christian Today. 2015. June 17. URL: https://www.christiantoday.com/article/sbc.president.ronnie.floyd.southern.baptists.face.bonhoeffer.moment.in.the.face.of.evil/56442.htm (дата обращения: 05.10.2024).

Литература

Метаксас 2012 — Метаксас Э. Дитрих Бонхёффер. Праведник Мира против Третьего рейха / пер. с англ. Л. Б. Сумм. М.: Эксмо, 2012.

Andersen 2013 — Andersen S. Can We Still Do Lutheran Political Theology? // Studia Theologica. 2013. Vol. 67, N 2. P. 110–127.

Barnes 1999 — Barnes K. C. Dietrich Bonhoeffer and Hitler's Persecution of the Jews // Betrayal: German Churches and the Holocaust / ed. by R. P. Ericksen, S. Heschel. Minneapolis: Fortress, 1999. P. 110–128.

Bayer 1998 — Bayer O. Nature and Institution: Luther's Doctrine of the Three Orders // Lutheran Quarterly. 1998. Vol. 12, N 2. P. 125–159.

Bayer 2008 — Bayer O. Martin Luther's Theology: A Contemporary Interpretation / transl. by T. H. Trapp. Grand Rapids, MI: Eerdmans, 2008.

Bethge 1955 — Bethge E. Dietrich Bonhoeffer. Person und Werk // Die mündige Welt. Dem Andenken Dietrich Bonhoeffers, Vorträge und Briefe. Bd. 1. München: Chr. Kaiser, 1955. S. 7 25.

Bethge 1981 — Bethge E. Dietrich Bonhoeffer and the Jews // Ethical Responsibility: Bonhoeffer's Legacy to the Churches / ed. by J. D. Godsey, G. B. Kelly. Lewiston, NY: Edwin Mellen Press, 1981. P. 43–96.

de Gruchy 1984 — de Gruchy J. W. 1984. Bonhoeffer and South Africa: Theology in Dialogue. Grand Rapids, MI: Eerdmans, 1984.

DeJonge 2017 — DeJonge M. P. Bonhoeffer's Reception of Luther. Oxford: Oxford University Press, 2017.

Dramm 2009 — Dramm S. Dietrich Bonhoeffer and the Resistance / transl. by M. Kohl. Minneapolis: Fortress, 2009.

Gritsch, Jenson 1976 — Gritsch E. W., Jenson R. W. Lutheranism: The Theological Movement and Its Confessional Writings. Philadelphia: Fortress, 1976.

Haemig 2000 — Haemig M. J. The Confessional Basis of Lutheran Thinking on Church-State Issues // Church & State: Lutheran Perspectives / ed. by J. R. Stumme, R. W. Tuttle. Minneapolis: Fortress, 2000. P. 3–19.

Haynes 2006 — Haynes S. R. The Bonhoeffer Legacy: Post-Holocaust Perspectives. Minneapolis: Fortress, 2006.

Hockenos 2004 — Hockenos M. D. A Church Divided: German Protestants Confront the Nazi Past. Bloomington, IN: Indiana University Press, 2004.

Huber 2013 — Huber W. Inspiration, Controversy, Legacy: Responses to Dietrich Bonhoeffer in Three Germanys // Interpreting Bonhoeffer: Historical Perspectives, Emerging Issues / ed. by C. J. Green, G. C. Carter. Minneapolis: Fortress, 2013. P. 3–14.

Metaxas 2010 — Metaxas E. Bonhoeffer: Pastor, Martyr, Prophet, Spy. Nashville: Thomas Nelson, 2010.

Pangritz 2013 — Pangritz A. "To Fall within the Spokes of the Wheel": New-Old Observations Concerning "The Church and the Jewish Question" // A Spoke in the Wheel: The Political in the Theology of Dietrich Bonhoeffer / ed. by K. B. Nielsen, R. K. Wüstenberg, J. Zimmermann. Gütersloh: Gütersloher Verlagshaus, 2013. P. 94–108.

Puffer 2012 — Puffer M. W. Election in Bonhoeffer's Ethics: Discerning a Late Revision // International Journal of Systematic Theology. 2012. Vol. 14, N 3. P. 255–276.

Santa Ana 1976 — Santa Ana J. de. The Influence of Bonhoeffer on the Theology of Liberation // The Ecumenical Review. 1976. Vol. 28, N 2. P. 188–197.

Schliesser 2008 — Schliesser Ch. Everyone Who Acts Responsibly Becomes Guilty: Bonhoeffer's Concept of Accepting Guilt. Louisville, KY: Westminster John Knox, 2008.

Schmitz 2013 — Schmitz F. Nachfolge. Zur Theologie Dietrich Bonhoeffers. Göttingen: Vandenhoeck & Ruprecht, 2013.

Strohm 1989 — Strohm C. Theologische Ethik im Kampf gegen den Nationalsozialismus. Der Weg Dietrich Bonhoeffers mit den Juristen Hans von Dohnanyi und Gerhard Leibholz in den Widerstand. München: Chr. Kaiser, 1989.

Tietz 2013 — Tietz C. Dietrich Bonhoeffer. Theologe im Widerstand. München: C.H. Beck, 2013.

Tietz 2016 — Tietz C. Theologian of Resistance: The Life and Thought of Dietrich Bonhoeffer / transl. by V. J. Barnett. Minneapolis: Fortress, 2016.

Yamasaki 2013 — Yamasaki K. Bonhoeffer's Social Ethics and Its Influences in Japan // Interpreting Bonhoeffer: Historical Perspectives, Emerging Issues / ed. by C. J. Green, G. C. Carter. Minneapolis: Fortress, 2013. P. 47–60.

Предметно-именной указатель

Адам и Ева 23–31, 36, 101
адиафора 117, 118, 120, 121, 129
антииудаизм 137–139, 142
антиномизм 145–149
арийский параграф 78, 80, 88, 96,
  98, 99, 113, 115, 122, 124–127,
  133, 151
Аугсбургское вероисповедание
  116–119, 121, 127, 128

Барменская декларация 143
Барт Карл 140
Бетге Эберхард 18, 130–132, 134,
  135, 160, 165, 181, 182, 203
благодать/sola gratia 31, 34, 37, 49,
  65, 75, 92, 122, 145, 148–152, 159
  без хождения вслед 149, 152
  божественная 34, 49, 145,
  148, 149
  дешевая 148, 149, 151, 152
  дорогая 148–152, 159
  Христа 31, 34, 37
Бонхёффер Дитрих 7, *passim*
  *Конкретная заповедь и Божьи
  наказы-поручения* 60, 166, 172,
  187–189
  *Ложное учение в Исповедую-
  щей церкви?* 127

О сущности Церкви 62, 68, 72,
  75, 76, 80, 97, 98
*Протестантизм без Реформа-
ции* 164
Творение и грехопадение 21, 28,
  40, 44, 47
Хождение вслед 140, 141,
  145–153, 156, 158, 159
*Церковь перед еврейским
  вопросом* 10, 18, 76, 78–80, 82,
  84, 87, 88, 90, 91, 98, 100,
  105–108, 111–115, 123, 124, 127,
  129, 130–133, 138, 142, 150, 153,
  155, 159, 171–173, 176, 181–
  183, 200
Что есть Церковь? 91, 92, 94,
  97, 99
  как лютеранский теолог 16, 17,
  33, 36, 46–51, 55, 57, 59–61, 67,
  83, 86, 98, 99, 101, 116, 128, 146,
  147, 149, 150, 166, 176
  момент Бонхёффера 8–19
  сопротивление-заговор
  Бонхёффера 164, 178, 179, 181,
  190, 194
  божественная воля и заповедь
  45, 46, 59, 60, 72, 167, 168, 191,
  192, 196

вера/sola fide 16, 30, 31, 34–36, 40, 46, 52, 62, 63, 67, 71,72, 87, 116, 117, 121, 125, 144–150, 156–158, 180, 183, 197
животорящая 52
исповедания веры/вероиспо-ведание 16, 116–119, 121, 127, 128, 138, 184
лютеранская 46
свобода 138, 145
символ 63
возвещение /провозвестие 13, 62, 63, 81, 82, 84, 90, 92, 93, 107, 111, 112, 114, 141, 142, 144, 150, 159, 161, 168–171, 173–175, 177
Евангелия 13, 67, 74, 81, 82, 93, 114, 168, 177
закона 111, 112
заповеди 92, 141, 142, 144
Слова 13, 63, 90, 107, 150, 159, 161, 168, 169, 171
Христа 63, 173
вторая битва церковной борьбы 140–155, 158, 160

гнесиолютеране 118, 122, 127, 128
гражданская праведность 48
границы, нарушение границ 26–28, 30, 36, 39, 63, 74, 76, 92, 93, 98, 99, 102, 105, 106, 112, 113, 120, 122, 123, 138, 184, 192–194
грех 21, 27, 28, 31, 39–44, 46, 48, 49, 59, 67–70, 97, 111, 112
грехопадение 17, 21, 24–29, 33, 35, 36, 40, 43, 44, 46, 59, 101
гуманитаризм 82, 83, 177
гуманитарное сопротивление 19, 84–89, 171

два царства 17, 51–57, 60, 61, 72–75, 82, 86, 97, 99, 114, 120, 122, 132–139, 164, 165, 170, 171
дела праведности 34, 145–149
диаконическая должность Церкви 176, 177
диаконическое служение церкви 19, 20, 89, 90, 155, 156, 173
диаконическая функция 133, 160

Евангелие 13, 17, 34, 36–43, 50–53, 56, 59, 63, 66–68, 72, 74, 75, 81–87, 89, 91–93, 96–99, 104, 106, 109–112, 114, 116–122, 126–129, 135, 136, 138, 139, 143, 149, 151, 152, 156, 160, 168, 176–178, 201
и закон 17, 36–43, 51, 53, 56, 66–68, 74, 75, 92, 99
и мораль 83–87, 177, 178
провозвестие/возвещение 13, 67, 74, 81, 82, 93, 114, 168, 177
проповедь 52, 53, 63, 66, 67, 75, 89, 117, 118, 120, 136, 176
ересь 121, 124, 126, 151
законничество 58, 123, 124, 139
естественный закон 45–47, 52, 57, 70, 71, 87

заговор с целью свержения режима Третьего рейха 9, 12, 15, 18, 32, 88, 97, 130, 141, 161, 162–174, 178–189, 185, 190, 194–196, 202, 203
третий этап сопротивления 162–164
церковное сопротивление 171–174

сопротивление-заговор
Бонхёффера 164, 178, 179, 181,
190, 194
закон и Евангелие 17, 36–43, 51,
53, 56, 66–68, 74, 75, 92, 99
закон и порядок 98–100, 102,
104–106, 113, 123

идол 101
идолопоклонство 189
избавление 17, 21, 28, 43–45,
47–53, 55, 56, 59, 60, 62, 66,
71–73, 86, 93, 97, 166, 171,
194, 197
индивид/отдельный человек 31,
84–86, 88, 89, 96, 134, 137, 171,
174–186, 200, 201
и гуманитарные организации
84–86, 88, 89, 96, 171, 178
и Церковь 84, 85, 88, 89, 96,
134, 137, 171, 174–176, 180, 182,
200, 201
и сопротивление 84–86, 88, 89,
96, 134, 171, 174–176, 178, 179,
181–186
и реализация призвания 85,
86, 88, 171, 175–179, 180–183
и чрезвычайные/крайние
ситуации 88, 179, 186
исповедание 16–18, 107, 115–
129, 139
церковное 17
чрезвычайное 115–129
особое 129
обновленное 129
Исповедующая церковь 77, 78,
140, 143, 151, 155, 157, 158, 162
иудеи, иудейство 121, 125, 126
иудеохристиане 125, 126, 128, 139

Карл V, император 116, 117, 119,
Карлсон Такер 9, 12, 202–204
компромисс 51, 119
конкретная заповедь 13, 93, 94,
107–115, 129, 141–145, 150, 166,
167, 170
*Конкретная заповедь и Божьи
наказы-поручения*, статья
Дитриха Бонхёффера 60, 166,
172, 187–189
косвенное политическое слово
19, 91–105, 172, 176

*Ложное учение в Исповедующей
церкви?*, статья Дитриха
Бонхёффера 127
лютеранская теология 16, 33, 98,
99, 146, 149, 166
Лютер Мартин 31, 33–42, 49, 50,
52–55, 57, 75, 116, 118, 131,
145–147, 149, 167, 190, 192, 203
Свобода христианина 32,
63, 145

мандат 41, 60, 61, 70, 73, 74, 82, 88,
92, 93, 96, 97, 99, 100, 102–106,
113, 114, 123, 129, 134, 135, 137,
138, 141, 166–172, 174, 176, 179,
183–187, 189, 191–193, 195, 196,
200, 201
божественный 41, 73, 167–170,
172, 179, 183, 184, 186, 191–193,
196, 200
государственный 70, 88, 92, 93,
96, 97, 99, 100, 102–106, 113,
114, 123, 129, 134, 135, 141, 167,
168, 170–172, 179, 183–187, 189,
200, 201
церковный 74, 99, 137, 168, 169

момент Бонхёффера 8–19
мораль 33–35, 55, 83–87, 89, 137,
    177, 178, 190–198, 201
морализаторство 95, 96, 100, 103,
    136, 177

Нагорная проповедь 38, 50, 58
насилие 9, 12, 13, 15, 18, 19, 65, 68,
    69, 119, 124, 174, 190, 196, 197,
    200, 202
насилие и ненасилие 12, 13, 19,
    65, 202
недостаток/избыток закона
    и порядка 98, 99, 104, 105,
    134, 189
немецкие христиане 77, 78, 123,
    126–128, 139, 143, 151, 158
ненасилие 12, 13, 19, 58, 63, 65,
    202, 204
неполитическое слово 96, 106
несправедливость 10, 15, 18, 19,
    78, 82, 86, 88, 89, 100, 103, 133,
    137, 155, 174–178, 180,
    198, 201
Нибур Рейнгольд 143, 162

*О сущности Церкви, курс лекций
    Дитриха Бонхёффера* 62, 68,
    72, 75, 76, 80, 97, 98
оправдание 17, 33–40, 42, 43,
    46–48, 51, 67, 70, 83, 85, 87, 122,
    126, 132, 136, 138, 139, 145–151,
    153, 196
относительная справедливость
    53, 72, 92

Павел (апостол) 121, 125, 147
палки в колеса/ перехватить
    колесо 10, 12, 13, 17, 79, 89–91,

94, 100, 104, 107, 114, 115, 172,
    173, 181, 202–204
политика 16, 32, 41, 44–48, 50, 53,
    55, 56, 59, 61, 78, 80, 82, 83,
    91–96, 98, 113, 123, 129, 142,
    153, 167, 173, 180, 192, 197,
    198, 201
политическая власть 41, 53, 62,
    85, 101, 102, 119, 120, 122–124,
    178, 186–190
порядки творения 46, 47, 55,
    57–59, 61, 165
порядки сохранения 59–61, 81,
    96, 99, 100, 113, 165, 166, 168,
    175, 190
порядок, порядки 31, 46, 47,
    50–62, 68, 70, 72, 75, 81, 89, 92,
    95, 96, 98–100, 102, 104–106,
    112–113, 117, 119, 121, 123, 124,
    127–129, 134–136, 164–168,
    170–173, 175, 176, 178, 183,
    185–197
права 8, 35, 56, 69, 99, 102, 106,
    107, 110, 112, 113, 131, 134, 135,
    138, 198–201
право 55, 82, 95, 101
право и порядок 95
предел 24, 25, 27, 30, 36, 200
преследование евреев 130, 132,
    135, 136, 139, 189, 199
призвание 54, 85, 86, 88, 171,
    175–183, 192, 195, 197
притеснение евреев 115, 130–139
*Протестантизм без Реформа-
    ции, статья* Дитриха Бонхёф-
    фера 164
прямое политическое слово
    Церкви 19, 91, 104–115,
    173, 176

псевдолютеранский 46, 47, 51, 54–61, 73, 75, 86, 98, 165, 172, 173
псевдомессианский 74, 103, 113

радикализм 13, 19, 49–55, 65, 77, 78, 86, 88, 98, 196, 204
Радикальная реформация 49–51

сверху вниз 101, 187, 200
свобода 23–26, 31, 34, 82, 87, 97, 120, 134, 135, 138, 145, 148, 183, 200
  абсолютная 23, 31, 145
  божественная 23–25
  Церкви 134, 135
  человеческая 23, 25, 31
Свобода христианина, трактат Мартина Лютера 32, 63, 145
свободное ответственное действие 175, 179–183, 185, 186, 190, 191, 195, 196
Слово Божье 13, 19, 21–24, 26–28, 34, 35, 41, 57, 62, 64, 65, 68, 73, 89, 90, 105, 108–112, 119, 147, 148, 200, 201, 203, 204
Слово Церкви 19, 91, 93, 94, 100, 104, 109, 113, 115
сохранение 43–45, 48, 50–53, 56, 59–62, 66, 71–74, 81, 85, 93, 96, 99–102, 113, 154, 165, 166, 168, 175, 189, 190, 197
сохранение и избавление 43, 44, 48, 50–53, 56, 59, 60, 62, 66, 71–73, 93, 166, 197
справедливость и несправедливость 82, 86, 96, 98, 133
сущность 53, 62, 63, 84, 93, 106, 127, 138, 139, 141, 145, 150, 153,

154, 156, 159, 169, 170, 174, 177, 178, 199
Евангелия 106, 138
Церкви 127, 138, 139, 141–154, 156, 159, 169, 170, 174, 177, 178

Творение и грехопадение, текст Дитриха Бонхёффера 21, 28, 40, 44, 47
топология 18, 91, 155

Финкенвальде 140, 150, 151, 157, 158, 162
Флациус Матиас 118, 119, 122, 128
форма бытия/существования 150, 151, 156
Формула согласия 16, 116, 118–122, 124, 125, 128, 146

хождение вслед 18, 19, 149–156, 158–161, 169, 170, 173, 174, 178
Хождение вслед, книга Дитриха Бонхёффера 140, 141, 145–153, 156, 158, 159
христиане-евреи 78, 122, 123, 125–127, 138
Христос 28–32, 36, 39, 63, 64, 90, 108, 121, 157, 158

церковная борьба 77, 78, 129–131, 140, 141, 144, 151–155, 158, 160, 165
Церковь как агент сопротивления 66, 133, 174, 175, 182, 202–204
Церковь как присутствие Христа 64, 108, 169

Церковь как Слово 63–65, 90, 94,
    108, 109, 202, 204
*Церковь перед еврейским вопро-
    сом, статья* Дитриха Бонхёф-
    фера 10, 18, 76, 78–80, 82, 84,
    87, 88, 90, 91, 98, 100, 105–108,
    111–115, 123, 124, 127, 129,
    130–133, 138, 142, 150, 153, 155,
    159, 171–173, 176, 181–
    183, 200

Что есть Церковь?, статья
    Дитриха Бонхёффера 91, 92,
    94, 97, 99

Шмиц Флориан 18

Экуменическая церковь 13, 18,
    90, 107, 108, 142, 144, 155
этапы 12, 16–19, 48, 57–61, 77, 90,
    141, 141, 153, 155, 159, 160,
    162–167, 169–174, 178, 185, 203

sicut deus/как Бог 26, 27
status confessionis/состояние
    исповедания 16, 17, 107, 115,
    116, 118, 122, 123, 126, 129
Volk /народ 46, 47, 55, 58, 59, 151,
    152,160

Оглавление

Благодарности 7

Введение. «Моменты Бонхёффера», правые и левые 8

Глава 1. Богословская история 21

Глава 2. Лютеранские акценты 33

Глава 3. Политическая жизнь 43

Глава 4. Церковь и государство 62

Глава 5. Начало сопротивления 77

Глава 6. Косвенное политическое слово Церкви 91

Глава 7. Прямое политическое слово Церкви 104

Глава 8. Чрезвычайное исповедание 115

Глава 9. Сопротивление государству и притеснение евреев 130

Глава 10. Вторая битва церковной борьбы 140

Глава 11. Хождение вслед как сопротивление 153

Глава 12. Заговор 162

Глава 13. Свободное ответственное действие индивида 175

Глава 14. Порядок и восстановление 187

Заключение. Политика Бонхёффера и наша 198

Библиография 205

Предметно-именной указатель 209

Научное издание

Майкл Дейонг
ТЕОЛОГИЯ СОПРОТИВЛЕНИЯ ДИТРИХА БОНХЁФФЕРА
Божественное Слово против колеса власти

Директор издательства *И. В. Немировский*
Ответственный редактор *И. Белецкий*
Куратор серии *С. Козин*
Заведующий редакцией *А. Наседкин*

Дизайн *И. Граве*
Редактор *Р. Рудницкий*
Корректор *Е. Гайдель*
Верстка *Е. Падалки*

Подписано в печать 26.03.2025.
Формат издания 60 × 90 $^1/_{16}$. Усл. печ. л. 13,5.
Тираж 200 экз.

Academic Studies Press
1577 Beacon Street, Brookline, MA 02446 USA
https://www.academicstudiespress.com

ООО «Библиороссика».
198207, г. Санкт-Петербург, а/я № 8

Эксклюзивные дистрибьюторы:
ООО «Караван»
ООО «КНИЖНЫЙ КЛУБ 36.6»
http://www.club366.ru
Тел./факс: 8(495)9264544
e-mail: club366@club366.ru

Книги издательства можно купить
в интернет-магазине: www.bibliorossicapress.com
e-mail: sales@bibliorossicapress.ru

12+